O EVANGELHO SEGUNDO O ESPIRITISMO

*

ORIENTAÇÕES PARA O ESTUDO

O EVANGELHO SEGUNDO O ESPIRITISMO

*

ORIENTAÇÕES PARA O ESTUDO

Célia Maria Rey de Carvalho
Antonio Cesar Perri de Carvalho
(Organizadores)

Copyright © 2014 *by*
FEDERAÇÃO ESPÍRITA BRASILEIRA – FEB

1ª edição – Impressão pequenas tiragens – 6/2025

ISBN 978-85-7328-916-9

Todos os direitos reservados. Nenhuma parte desta publicação pode ser reproduzida, armazenada ou transmitida, total ou parcialmente, por quaisquer métodos ou processos, sem autorização do detentor do *copyright*.

FEDERAÇÃO ESPÍRITA BRASILEIRA – FEB
SGAN 603 – Conjunto F – Avenida L2 Norte
70830-106 – Brasília (DF) – Brasil
www.febeditora.com.br
editorial@febnet.org.br
+55 61 2101 6161

Pedidos de livros à FEB
Comercial
Tel.: (61) 2101 6161 – comercial@febnet.org.br

Adquirindo esta obra, você está colaborando com as ações de assistência e promoção social da FEB e com o Movimento Espírita na divulgação do Evangelho de Jesus à luz do Espiritismo.

Dados Internacionais de Catalogação na Publicação (CIP)
(Federação Espírita Brasileira – Biblioteca de Obras Raras)

C331e   Carvalho, Antonio Cesar Perri de (Org.), 1948–
        O Evangelho segundo o Espiritismo: orientações para o estudo / Organização de Antonio Cesar Perri de Carvalho e Célia Maria Rey de Carvalho. – 1. ed. – Impressão pequenas tiragens – Brasília: FEB, 2025.

        204 p.; 23 cm

        Inclui referências

        ISBN 978-85-7328-916-9

        1. Espiritismo. 2. Obras de Allan Kardec – Estudo. I. Carvalho, Célia Maria Rey de, 1951–. II. Federação Espírita Brasileira. III. Título.

                                    CDD 133.9
                                    CDU 133.7
                                    CDE 20.03.00

SUMÁRIO

Apresentação 7
Célia Maria Rey de Carvalho e Antonio Cesar Perri de Carvalho

Introdução 9
Haroldo Dutra Dias

Capítulo 1 – Conhecendo a Bíblia 15
Afonso Chagas

Capítulo 2 – A importância do estudo do Velho e do Novo Testamentos para a compreensão do Evangelho de Jesus 23
Wagner Gomes da Paixão

Capítulo 3 – Algumas características dos evangelhos de Mateus, Marcos, Lucas e João e o perfil dos seus autores 27
Enrique Eliseo Baldovino

Capítulo 4 – Jesus, Modelo e Guia 43
Luiz Cláudio Costa

Capítulo 5 – Jesus, a Porta. Kardec, a Chave 49
Antonio Cesar Perri de Carvalho

Capítulo 6 – A trajetória da Boa-Nova e *O evangelho segundo o espiritismo* 53
Flávio Rey de Carvalho

Capítulo 7 – *O evangelho segundo o espiritismo:*
análise da sua constituição 59
Nilza Tereza Rotter Pelá

Capítulo 8 – A contribuição de Emmanuel para o
estudo do Novo Testamento 65
Saulo César Ribeiro da Silva

Capítulo 9 – Diretrizes para o estudo interpretativo
do Evangelho 75
Angélica Maia

Capítulo 10 – "Bem-aventurados": aspectos de uma
interpretação 81
Flávio Rey de Carvalho

Capítulo 11 – Estudo de *O evangelho segundo o espiritismo:*
relato de uma experiência 87
Célia Maria Rey de Carvalho

Capítulo 12 – Referências bíblicas em
O evangelho segundo o espiritismo 127
Flávio Rey de Carvalho

Capítulo 13 – Indicações de comentários feitos por
Emmanuel acerca de trechos do Novo Testamento
citados em *O evangelho segundo o espiritismo* 147
Flávio Rey de Carvalho

Referências 201

APRESENTAÇÃO

Com a criação do Núcleo de Estudo e Pesquisa do Evangelho — Nepe, na Federação Espírita Brasileira, em 2012, organizaram-se seminários para explicar seu funcionamento e estimular o Movimento Espírita a realizar trabalhos voltados à pesquisa e estudo do Evangelho de Jesus à luz do Espiritismo. Um dos temas abordados nesses seminários foi a experiência da FEB no desenvolvimento do Curso para o Estudo de *O evangelho segundo o espiritismo*.

Houve muita procura durante e após a realização dos eventos, com pedidos de orientações sobre como se estruturar um curso para o estudo de *O evangelho segundo o espiritismo*. Claramente percebemos que este livro — muito lido e comentado —, deve merecer um estudo regular nos centros espíritas. Daí surgiu a ideia de se elaborar um livro que contemplasse parte dos temas abordados nos seminários do Nepe da FEB e mais alguns que consideramos pertinentes para complementar essas orientações.

Com esse objetivo, convidamos alguns expositores e membros da Comissão Administrativa do Nepe da FEB, bem como estudiosos do Evangelho de Jesus — ligados a este projeto de trabalho —, para escreverem os capítulos.

No ano comemorativo dos 150 anos de lançamento de *O evangelho segundo o espiritismo*, disponibilizamos esta singela publicação na expectativa de que contribua para o estudo, reflexão e divulgação dessa importante obra do codificador Allan Kardec.

Célia Maria Rey de Carvalho
Antonio Cesar Perri de Carvalho
Brasília (DF), fevereiro de 2014.

INTRODUÇÃO

Haroldo Dutra Dias

> Disse o Espírito a Filipe: Aproxima-te e junta-te a esta carruagem. Após correr para [lá], Filipe o ouviu lendo o profeta Isaías e disse: Será que entendes o que estás lendo? Ele disse: Pois como poderia, se alguém não me guiar? E rogou a Filipe para subir e sentar-se com ele (DIAS, 2013; Atos, 8: 29 a 31).

No capítulo oitavo do livro *Atos dos apóstolos*, encontramos a singular narrativa do encontro de Filipe, um dos sete diáconos da *Casa do Caminho*, em Jerusalém, com o etíope que viera à cidade santa para adorar a Deus.

Inicialmente, destacamos que o referido diácono, obedecendo às instruções que lhe foram ditadas por um Espírito, se encaminhou ao sul da Palestina, com o objetivo de ampliar a obra de evangelização dos povos, começando por aquele forasteiro proveniente da África.

As instruções dadas pelo Espírito foram minuciosas, fazendo crer que aquela entidade acompanhava todo o desenrolar dos acontecimentos com interesse incomum. Ao se aproximar do etíope, Filipe percebe que o mesmo lia, em voz alta, uma passagem do profeta Isaías (Isaías, 53:7 e 8), que narra o martírio do Messias.

Pergunta para o forasteiro: Entendes o que lês? E a resposta é uma pérola, uma verdadeira advertência para todos os discípulos do Cristo. Como pode alguém entender os textos contidos na *Bíblia*, se alguém não se dispuser a guiar os aprendizes, fornecendo-lhes elementos apropriados à compreensão do texto?

Ao lermos essa pitoresca passagem, lembramo-nos de um trecho da Introdução de *O evangelho segundo o espiritismo*, no qual o codificador esclarece:

> Muitos pontos dos evangelhos, da *Bíblia* e dos autores sacros em geral são ininteligíveis, parecendo alguns até irracionais, por falta da chave que faculte se lhes apreenda o verdadeiro sentido. Essa chave está completa no Espiritismo, como já puderam reconhecer os que o têm estudado seriamente e como todos, mais tarde, ainda melhor o reconhecerão (KARDEC, 2013, p. 26).

Mais adiante, adverte Allan Kardec (Id., cap. 1, it. 7):

> Assim como o Cristo disse: "Não vim destruir a lei, porém cumpri-la", também o Espiritismo diz: "Não venho destruir a lei cristã, mas dar-lhe execução." Nada ensina em contrário ao que ensinou o Cristo; mas, desenvolve, completa e explica, em termos claros e para toda gente, o que foi dito apenas sob forma alegórica. Vem cumprir, nos tempos preditos, o que o Cristo anunciou e preparar a realização das coisas futuras. Ele é, pois, obra do Cristo, que preside, conforme igualmente o anunciou, a regeneração que se opera e prepara o reino de Deus na Terra.

Quando, voluntariamente, deixamos de adotar a postura do diácono Filipe, mesmo de posse de poderoso instrumental para o estudo do Evangelho — a Doutrina Espírita — permitimos que inúmeros aprendizes permaneçam na dúvida, por falta de alguém que os conduza pelos intricados labirintos da interpretação bíblica.

O estudo sistematizado do Evangelho, à luz da Doutrina Espírita, é tarefa luminosa que precisa ser implantada, sem demora, nos grupos e nos lares espíritas.

A questão 625 de *O livro dos espíritos* deixou claro ser o Cristo o guia e modelo da humanidade. Resta-nos, apenas, copiá-lo e segui-lo. Mas como fazê-lo sem o estudo do seu Evangelho de amor, no qual estão retratados seus atos, suas palavras, sua exemplificação imorredoura?

A tarefa de evangelização dos corações prossegue, com a mesma urgência dos tempos de Filipe. Os etíopes da nossa era buscam avidamente os textos sagrados, a procura de lenitivo e esclarecimento. Todavia, falta-lhes a chave que não pode repousar inerte em nossas mãos.

Não há caridade maior para com o próximo que semear a Boa-Nova em seu espírito. Os frutos são para toda a eternidade. No entanto, pode um cego guiar outro? Só ensina quem conhece. Só convence quem exemplifica.

O Espiritismo é o Cristianismo Redivivo, consoante o ensino dos Espíritos. Os cristãos espíritas são trabalhadores da última hora, chamados a semear as luzes do Evangelho. A seara, porém, nem sempre conta com obreiros dispostos a aprender e a ensinar.

A reversão desse triste quadro passa, necessariamente, pelo estudo sistematizado da Boa-Nova, apoiado nas obras da Codificação, bem como nas subsidiárias de reconhecido valor doutrinário.

Não foi por outra razão que Alcíone, no livro *Renúncia*, ditado pelo Espírito Emmanuel a Chico Xavier, proferiu as luminosas palavras, abaixo transcritas:

O Evangelho, em sua expressão total, é um vasto caminho ascensional, cujo fim não poderemos atingir, legitimamente, sem conhecimento e aplicação de todos os detalhes. Muitos estudiosos presumem haver alcançado o termo da lição do Mestre, com uma simples leitura vagamente raciocinada. Isso, contudo, é erro grave. A mensagem do Cristo precisa ser *conhecida, meditada, sentida e vivida* (XAVIER, 1985, p. 333, grifos nossos).

O Espírito Humberto de Campos, no livro *Brasil, coração do mundo, pátria do evangelho*, corroborando as palavras de Alcíone, foi ainda mais incisivo:

> Jesus transplantou da Palestina para a região do Cruzeiro a árvore magnânima do seu Evangelho, a fim de que seus rebentos delicados florescessem de novo, frutificando em obras de amor para todas as criaturas (XAVIER, 2013a, p. 10).

Correndo o risco de parecer pedante, cumpre-nos citar, ainda, as palavras de Emmanuel, grafadas no prefácio do livro *Vinha de luz*: "O Evangelho é o Sol da Imortalidade que o Espiritismo reflete, com sabedoria, para a atualidade do mundo".

Parafraseando o benfeitor Emmanuel, apresentamos esse singelo trabalho do Nepe (Núcleo de Estudo e Pesquisa do Evangelho da Federação Espírita Brasileira), destacando que o mesmo "traduz, simplesmente, um esforço para que nos integremos no Evangelho, celeiro divino do nosso pão de imortalidade" (XAVIER, 2013b, p. 14).

Nele, o leitor amigo encontrará apontamentos, sugestões, roteiros e métodos, frutos da experiência e dedicação de devotados trabalhadores, cuja única intenção é compartilhar o que aprenderam para multiplicar as dádivas da compreensão.

Não se trata de normas rígidas, muito menos de metodologia inflexível. São pérolas da experiência adquiridas ao longo de muitos anos de estudo, reflexão, e sensibilização em torno das "palavras de vida eterna" que fluem do coração magnânimo de Jesus, por meio das páginas luminosas do Evangelho.

REFERÊNCIAS

O NOVO Testamento. Tradução, introdução e notas: Haroldo Dutra Dias. Brasília: FEB, 2013.

KARDEC, Allan. *O evangelho segundo o espiritismo*. Tradução de Guillon Ribeiro. 131. ed. (edição histórica). Brasília: FEB, 2013.

_____. *O livro dos espíritos*. Tradução de Evandro Noleto Bezerra. Edição especial. Brasília: FEB, 2013.

XAVIER, Francisco Cândido. *Brasil, coração do mundo, pátria do evangelho*. Pelo Espírito Humberto de Campos. Rio de Janeiro: FEB, 2013a.

_____. *Renúncia*. Pelo Espírito Emmanuel. Rio de Janeiro: FEB, 1985.

_____. *Vinha de luz*. Pelo Espírito Emmanuel. Brasília: FEB, 2013b.

CAPÍTULO 1

*

CONHECENDO A BÍBLIA

Afonso Chagas

E vi na destra do que estava assentado sobre o trono um livro escrito por dentro e por fora, selado com sete selos (APOCALIPSE, 5:1).

Em determinado tempo, no processo histórico-sociológico do desenvolvimento humano houve a necessidade de se coagular o valor das ideias em caracteres específicos e, nesse horizonte da vida, surgiu a escrita.

Perante a definição da arbitrariedade das letras, as ideias passaram a ser registradas e o ensino, que até então era eminentemente oral, ganhou novo vigor, nova força, deslocando-se para um formato diferenciado, a saber: registro permanente, isto é, textual. Assim, propagou-se de cultura em cultura, de sociedade em sociedade, a ideia fixada no pergaminho, no papiro e, posteriormente, no papel. Com o texto, abriu-se novo horizonte na vida mental. O livro estabeleceu-se, em forma mais elaborada e substanciosa, como um instrumento de irradiação de conceitos que trabalha a instrução dos indivíduos, visando a educação das coletividades.

Os gregos chamaram-no de $\beta \acute{\iota} \beta \lambda o \varsigma$ (*bíblos*: livro), mas, em contexto cristão, convencionou-se o uso do termo no diminutivo $\beta \iota \beta \lambda \iota o \nu$ (*bíblion*: livrinho). Quando há um ajuntamento de *bíblion*, tem-se o plural $\beta \iota \beta \lambda \iota \alpha$ (*bíblia*: livrinhos). Bíblia, nesse sentido, é um livro que contém muitos outros livros, um coletivo. Atualmente, o livro chamado *Bíblia* tornou-se, no senso comum, mais do que um plural, e sim o livro por excelência. Mas o que é a *Bíblia*? Como ela foi organizada? Qual o seu papel no cenário da vida?

A *Bíblia* tem origem muito recuada no espaço e no tempo, definindo, assim, o registro histórico cultural de um povo, de uma raça. Por ela, transcende-se o registro da história de uma coletividade, adentrando-se em um cenário ainda mais amplo. Na referida obra, há temas voltados para os grandes enigmas da origem da vida, das destinações, da Terra e do Espírito, da verdade de Deus.

Nesse contexto, ressalta-se que tais assuntos, ao longo do tempo, foram registrados de várias maneiras e em diferentes estilos literários. Além disso, sabe-se que os autores, apesar de não se terem conhecido, obedeceram a um fio condutor desde o primeiro livro até o último. Esse processo foi assertivamente afirmado pelo apóstolo Pedro:

> Sabendo primeiramente isto: que nenhuma profecia da Escritura é de particular interpretação. Porque a profecia nunca foi produzida por vontade de homem algum, mas os homens santos de Deus falaram inspirados pelo Espírito Santo (II PEDRO, 1:20 e 21).

No tempo presente, quando se adentra na leitura bíblica, verificam-se duas grandes divisões, as quais são conhecidas como Velho Testamento e Novo Testamento. Diante disso, pergunta-se: qual a posição do Velho Testamento no quadro de valores da educação religiosa do homem?

Emmanuel responde:

> No quadro de valores da educação religiosa, na civilização cristã, o Velho Testamento, apesar de suas expressões altamente simbólicas, poucas vezes acessíveis ao raciocínio comum, deve ser considerado como a pedra angular, ou como a fonte *mater* da revelação divina (XAVIER, 1986, q. 267).

A partir de um mergulho nesse conjunto de valores, elucida-se que o Velho Testamento é classificado nas seguintes subdivisões (DAVIS, 2005):

a) *Livros da Lei* ou *Pentateuco*, nomeado pelos hebreus de *Torá*: *Gênesis, Êxodo, Levítico, Números* e *Deuteronômio*;

b) *Livros históricos: Josué, Juízes, Rute, I e II Samuel, I e II Reis, I e II Crônicas, Esdras, Neemias* e *Ester*;

c) *Livros poéticos: Jó, Salmos, Provérbios, Eclesiastes* e *Cântico dos Cânticos*;

d) *Livros proféticos*, dividido em profetas maiores e menores:[1]

– Maiores: *Isaías, Jeremias, Lamentações de Jeremias, Ezequiel* e *Daniel*;

– Menores: *Oseias, Joel, Amós, Abdias (Obadias), Jonas, Miqueias, Naum, Habacuque, Sofonias, Ageu, Zacarias* e *Malaquias*.

Esses 39 livros compõem o Velho Testamento da *Bíblia* em sua versão protestante. Já o Velho Testamento da *Bíblia* de tradição católica é composto de 46 livros, tendo sete livros a mais: *Tobias, Judite, Sabedoria, Baruque, Macabeus I e II* e *Eclesiastes*. Por fim, enfatiza-se que cada livro é um cântico de esperança e de fé, de indagação e de busca pela terra prometida, definindo, portanto, o anseio da alma individual e coletiva de todos os hebreus.

---

1 Nota do autor: Diferenciam-se profetas maiores e menores conforme a quantidade de capítulos dos seus escritos. Como curiosidade, tem-se 12 profetas retratados em escultura por Antônio Francisco Lisboa, o Aleijadinho, que são: Isaías, Jeremias, Ezequiel, Daniel, Oseias, Joel, Amós, Obadias (Abdias), Jonas, Naum, Habacuque e Baruque.

Logo a seguir, nota-se que o Novo Testamento amplia vertiginosamente a possibilidade da compreensão, da verdade e do amor de Deus. Compilado num conjunto de 27 livros, chamado pelos gregos de ευαγγέλιον (*euangélion*: evangelho, boa-nova, boa mensagem), relata e reflete a vida de Jesus Cristo, o Mestre e o Senhor, o Guia e o Modelo que Deus tem oferecido a humanidade como melhor tipo para servir de referência no caminho ascensional. É assim classificado:

a) *Evangelho segundo Mateus*;

b) *Evangelho segundo Marcos*;

c) *Evangelho segundo Lucas*;

d) *Evangelho segundo João*;

e) *Atos dos apóstolos*;

f) 14 Epístolas de Paulo de Tarso;

g) 3 Epístolas de João Evangelista;

h) 2 Epístolas de Pedro;

i) 1 Epístola de Tiago, o Menor;

j) 1 Epístola de Judas Tadeu;

k) *Apocalipse* ou Revelação de João Evangelista.

Surge outra pergunta, à qual Emmanuel novamente responde: Se devemos considerar o Velho Testamento como a pedra angular da Revelação divina, qual a posição do Evangelho de Jesus na educação religiosa dos homens?

O Velho Testamento é o alicerce da Revelação divina. O Evangelho é o edifício da redenção das almas. Como tal, devia ser procurada a lição de Jesus, não mais para qualquer exposição teórica, mas visando cada discípulo ao aperfeiçoamento de si mesmo, desdobrando as edificações do divino Mestre no terreno definitivo do Espírito (XAVIER, 1986, q. 282).

Esses dois monumentos da Sabedoria divina, registrados em letras permanentes, diante do horizontal da vivência humana, têm desafiado a humanidade a compreensão mais profunda do texto bíblico, convidando-a a extrapolar a letra que mata para encontrar o espírito que vivifica, conforme bela expressão do apóstolo Paulo em sua segunda carta aos coríntios, 3:6.

Como revelação, o Antigo e o Novo Testamento apresentam conteúdos que permaneceram velados ao longo do tempo, necessitando de uma nova revelação que pudesse oferecer a chave para o entendimento mais amplo de sua mensagem. Desse modo, surge no horizonte vivencial da humanidade, a revelação da Verdade, veiculada pela Doutrina Espírita, ampliando a compreensão das letras bíblicas. Esse pensamento foi esclarecido pelo codificador do Espiritismo quando diz:

> Muitos pontos dos evangelhos, da Bíblia e dos autores sacros em geral são ininteligíveis, parecendo alguns até disparatados, por falta da chave que faculte se lhes apreenda o verdadeiro sentido. Essa chave está completa no Espiritismo (KARDEC, 2001, cap. I, it. 5).

Reconhecendo a importância do Espiritismo como mensagem reveladora das verdades divinas para o entendimento dos Espíritos, apresenta-se a palavra do benfeitor Emmanuel diante da seguinte questão: devemos reconhecer no Espiritismo o Cristianismo Redivivo?

O Espiritismo Evangélico é o Consolador Prometido por Jesus, que, pela voz dos seres redimidos, espalham as luzes divinas por toda a Terra, restabelecendo a verdade e levantando o véu que cobre os ensinamentos na sua feição de Cristianismo Redivivo, a fim de que os homens despertem para a era grandiosa da compreensão espiritual com o Cristo (XAVIER, 1986, q. 352).

Por fim, a Codificação Espírita, os autores clássicos espíritas e a obra chamada subsidiária são as chaves a facultarem o acesso à Bíblia, em espírito e verdade, possibilitando ao aprendiz produzir frutos substanciosos a nutrir a alma humana e as coletividades com os valores do amor. Com o Espiritismo, torna-se possível também encontrar o roteiro seguro para o trabalho do autoconhecimento, melhorando a relação da pessoa consigo mesma, com o próximo e com Deus.

Nesse novo clima, o Céu e a Terra se aproximam num grande amplexo e a criatura, que havia se apartado do amor de Deus, agora se enche de fé e prossegue, conscientemente, a grande escalada de retorno ao seio amoroso do Pai.

Diante do exposto, à guisa de conclusão, infere-se que esses três grandes conjuntos de livros, como revelações, entrosam-se de tal maneira que se fundem em uma só Revelação, em que cada qual apresenta um aspecto, uma faceta, do todo universal. Finalmente, destaca-se que tais registros sagrados permanecem à espera do estudioso que desperte o interesse para encontrar, nessas páginas, motivos para sua transformação moral.

REFERÊNCIAS

BÍBLIA Sagrada. Tradução de João Ferreira de Almeida. Ed. rev. e corr. São Paulo: Vida, 1984.

DAVIS, John. *Novo dicionário bíblico, ampliado e atualizado*. São Paulo: Hagnos, 2005.

KARDEC, Allan. *O evangelho segundo o espiritismo*. Rio de Janeiro: FEB, 2001.

XAVIER, Francisco Cândido. *O consolador*. Pelo Espírito Emmanuel. Rio de Janeiro: FEB, 1986.

CAPÍTULO 2

*

A IMPORTÂNCIA DO ESTUDO DO ANTIGO E DO NOVO TESTAMENTOS PARA A COMPREENSÃO DO EVANGELHO DE JESUS

Wagner Gomes da Paixão

> Muitos pontos dos evangelhos, da *Bíblia* e dos autores sacros em geral só são ininteligíveis, parecendo alguns até irracionais, por falta da chave que faculte se lhes apreenda o verdadeiro sentido (KARDEC, 2013a, p. 18).

> Não desprezeis, portanto, os objetos de estudo que esses materiais oferecem. Ricos eles são de tais objetos e podem contribuir grandemente para a vossa instrução (KARDEC, 2013b, q. 628).

> Devendo a prática geral do Evangelho determinar grande melhora no estado moral dos homens, ela, por isso mesmo, trará o reinado do bem e acarretará a queda do mal. É, pois, o fim do *mundo velho*, do mundo governado pelos preconceitos, pelo orgulho, pelo egoísmo, pelo fanatismo, pela incredulidade, pela cupidez, por todas as paixões más, que o Cristo aludia, ao dizer: "Quando o Evangelho for pregado em toda a Terra, então é que virá o fim" (KARDEC, 2009, cap. XVII, it. 58).

Na Criação divina, tudo se encadeia de modo harmônico e natural.

Num planeta como a Terra, que após sua formação ensejou experiências primárias a um sem número de Espíritos simples e ignorantes, que então começaram, qual ocorre na infância, sua trajetória de desbravamento dos próprios potenciais intelecto-morais, a revelação das Leis se deu numa linguagem eivada de símbolos e misticismo. Os documentos históricos, especialmente os enfeixados no Velho Testamento, nada obstante a sua expressão carregada de imagens fortes e aparentemente inverossímeis ou contraditórias, contêm verdades universais e são capazes de revelar os princípios imutáveis da Criação, conforme anotações e pesquisas diversas do próprio codificador sobre o Antigo Testamento. Como exemplo:

> Não rejeitemos, pois, a *Gênese* bíblica; ao contrário, estudemo-la, como se estuda a história da infância dos povos. Trata-se de uma época rica de alegorias, cujo sentido oculto se deve pesquisar; que se devem comentar e explicar com o auxílio das luzes da razão e da Ciência (KARDEC, 2009, cap. XII, it. 12).

O Espiritismo se caracteriza pela pesquisa, pelo estudo, pela análise racional dos temas que lhe constituem a autoridade e a missão de restaurar a Mensagem de Jesus para os novos tempos da Terra, denominados Era da Regeneração.

Compreendendo seu papel fundamental para que a fé raciocinada patrocine a evolução consciente dos seres, imperioso lançar mão de toda a cultura armazenada em nossa história de civilização, extraindo dela os excessos e as formulações puramente humanas, para que a Verdade norteie a vida social.

Que faz a moderna Ciência Espírita? Reúne em corpo de doutrina o que estava esparso; explica, com os termos próprios, o que só era dito em linguagem alegórica; poda o que a superstição e a ignorância engendraram, para só deixar o que é real e positivo. Esse o seu papel (KARDEC, 2013b, concl., it. VI).

Para a elaboração da obra *O evangelho segundo o espiritismo*, Kardec demonstrou a necessidade de se conhecer, ainda que elementarmente, a cultura e o pensamento das épocas em que as grandes revelações se deram (Moisés e Jesus), para que, em nos ambientando nas épocas passadas, possamos adentrar o sentido profundamente moral dos textos e dos ensinos que inauguraram a era religiosa do mundo. Vale ressaltar, na Introdução do livro, o inciso III, denominado *Notícias históricas*, com que o organizador da obra busca facilitar ao leitor melhor entendimento dos textos extraídos do Antigo e do Novo Testamento.

Atingindo considerável progresso intelecto-moral, os homens, em bases de razão e lógica, possuem, com a Terceira Revelação de Deus, as chaves que a eles faculte apreender o sentido dos textos evangélicos, pois "essa chave está completa no Espiritismo, como já puderam reconhecer os que o têm estudado seriamente" (KARDEC, 2013a, introd.).

O cap. XI de *O livro dos espíritos* sintetiza o conteúdo das três Revelações de Deus aos homens e se intitula: *Da Lei de justiça, amor e caridade*, oferecendo chaves para a compreensão do Antigo Testamento (Lei de Justiça), do Novo Testamento (Lei de Amor); e o Espiritismo, que é a verdade sobre tudo, propõe como sua maior bandeira a CARIDADE.

Num estudo sério e continuado das informações e alegorias utilizadas na *Bíblia*, de um modo geral, compreende-se, como o Espiritismo vem resgatar a moral evangélica para a efetiva transformação da humanidade, tendo em vista seu progresso e sua evolução no tempo, pois as três revelações se fundem numa mesma substância divina: "Não penseis que eu tenha vindo destruir a lei ou os profetas: não os vim destruir, mas cumpri-los" (MATEUS, 5:17) e também o Espiritismo diz: "Não venho destruir a lei cristã, mas dar-lhe execução" (KARDEC, 2013a, cap. I, it. 7).

REFERÊNCIAS

KARDEC, Allan. *A gênese*. Tradução de Evandro Noleto Bezerra. Rio de Janeiro: FEB, 2009.

KARDEC, Allan. *O evangelho segundo o espiritismo*. Tradução de Guillon Ribeiro. 131. ed. (edição histórica). Brasília: FEB, 2013.

_____. *O livro dos espíritos*. Tradução de Evandro Noleto Bezerra. Ed. esp. Brasília: FEB, 2013b.

CAPÍTULO 3

*

ALGUMAS CARACTERÍSTICAS DOS EVANGELHOS DE MATEUS, MARCOS, LUCAS E JOÃO E O PERFIL DOS SEUS AUTORES

Enrique Eliseo Baldovino

Valendo-nos da notável Codificação Kardequiana, da preciosa literatura espírita mediúnica (e não mediúnica) e de enciclopédias e dicionários bíblicos, compilamos a seguir diversos dados interessantes sobre algumas características dos evangelhos de Mateus, Marcos, Lucas e João, fornecendo também um perfil biográfico dos seus autores, em poucas laudas.

Para maior aproveitamento do conteúdo geral das nossas investigações, indicamos, no final do capítulo, várias referências bibliográficas da pesquisa em pauta.

3.1 INTROITO

Allan Kardec, o insigne codificador da Doutrina Espírita, no capítulo XXIII de *O evangelho segundo o espiritismo*, teceu lúcidas considerações acerca do meio linguístico, cultural, histórico e religioso em que vivia Jesus, a fim de que tomemos as devidas precauções ao lermos e ao interpretarmos os evangelhos, dizendo o mestre de Lyon, com muita propriedade, a respeito:

Certas palavras, aliás muito raras, atribuídas ao Cristo, fazem tão singular contraste com o seu modo habitual de falar que, instintivamente, se lhes repele o sentido literal, sem que a sublimidade da sua doutrina sofra qualquer dano. Escritas depois de sua morte, pois *nenhum dos evangelhos foi redigido enquanto Ele viveu, lícito é acreditar-se que, em casos como este* [odiar os pais], o fundo do seu pensamento não foi bem expresso, ou, o que não é menos provável, o sentido primitivo, *passando de uma língua para outra*, há de ter experimentado alguma alteração. Basta que um erro se haja cometido uma vez, para que os copiadores o tenham repetido, como se dá frequentemente com relação aos fatos históricos (KARDEC, 2013. p. 281, grifos nossos).

Continua o emérito codificador, no referido capítulo *Estranha moral*, com o bom senso e a prudência que tanto o caracterizam:

A língua hebraica não era rica e continha muitas palavras com várias significações. Tal, por exemplo, a que, no *Gênesis*, designa as fases da Criação: servia, simultaneamente, para exprimir um período qualquer de tempo e a revolução diurna. Daí, mais tarde, a sua tradução pelo termo *dia* e a crença de que o mundo foi obra de seis vezes vinte e quatro horas. Tal, também, a palavra com que se designava um *camelo* e um *cabo*, uma vez que os cabos eram feitos de pelos de camelo. Daí o haverem-na traduzido pelo termo *camelo*, na alegoria do buraco de uma agulha (KARDEC, 2013, p. 282-283).

E arremata Kardec, concluindo o seu apurado raciocínio acerca da *correta interpretação* das escrituras e, em particular, dos evangelhos, em duas outras magistrais passagens de *O evangelho segundo o espiritismo*:

Cumpre, ademais, *se atenda aos costumes e ao caráter dos povos*, pelo muito que influem sobre o gênio particular *de seus idiomas*.

Sem esse conhecimento, escapa amiúde o sentido verdadeiro de certas palavras. De uma língua para outra, o mesmo termo se reveste de maior ou menor energia. [...] Se se não tiver em conta *o meio em que Jesus vivia*, fica-se exposto a equívocos sobre o valor de certas expressões e de certos fatos, em consequência do hábito em que se está de assimilar os outros a si próprio (KARDEC, 2013, grifos nossos).

Para bem se compreenderem algumas passagens dos evangelhos, necessário se faz conhecer o valor de muitas palavras nelas frequentemente empregadas e que caracterizam o estado dos costumes e da sociedade judia naquela época (KARDEC, 2013, p. 26).

Portanto, é importantíssimo conhecermos o *contexto geral em que vivia o Cristo*, como também ensina a obra *A vida quotidiana na Palestina no tempo de Jesus*, a qual nos informa que línguas falava e que escrita lia Jesus (ROPS, s. d., p. 293 a 303).

Da nossa parte diremos que os evangelhos de Mateus, Marcos e Lucas são conhecidos na História como os *evangelhos sinópticos*, em face do seu paralelismo, que lhes faculta ser colocados e comparados em três colunas ao mesmo tempo. O *Evangelho segundo João* é apreciado como sendo o *evangelho espiritual ou místico* da história de Jesus.

3.2 MATEUS

O livro *Boa nova* registra o belíssimo diálogo do Cristo com Levi (Mateus), a respeito do seu chamado ao círculo apostólico. Relata o Espírito Humberto de Campos:

> [...] o Mestre [...] se encaminhou para o centro de Cafarnaum, onde se erguia a Intendência de Ântipas. Entrou calmamente na

coletoria e, avistando um funcionário culto, conhecido publicano da cidade, perguntou-lhe: — Que fazes tu, Levi? O interpelado fixou-o com surpresa; mas, seduzido pelo suave magnetismo de seu olhar, respondeu sem demora: — Recolho os impostos do povo, devidos a Herodes. — Queres vir comigo para recolher os bens do céu? — perguntou-lhe Jesus, com firmeza e doçura. Levi, que seria mais tarde o apóstolo Mateus, sem que pudesse definir as santas emoções que lhe dominaram a alma, atendeu, comovido: — Senhor, estou pronto!... — Então, vamos — disse Jesus, abraçando-o (XAVIER, 2013, p. 26-27).

Sobre os laços de parentesco consanguíneo e espiritual de Mateus, a referida obra *Boa Nova* revela os seguintes dados notáveis: "Levi, Tadeu e Tiago, filhos de Alfeu e sua esposa Cleofas, parenta de Maria, eram nazarenos e amavam a Jesus desde a infância, sendo muitas vezes chamados 'os irmãos do Senhor', a vista de suas profundas afinidades afetivas" (XAVIER, 2013, p. 35).

Esta preciosa e reveladora informação é confirmada pelo texto *Quem é quem na Bíblia*, que diz: "[...] Mateus pode também ter sido irmão de Tiago, filho de Alfeu, que também foi um dos 12 apóstolos — embora em nenhum outro lugar das Escrituras os dois sejam identificados como irmãos" (QUEM É QUEM... Enciclopédia Biográfica Ilustrada da Bíblia. Apud SELEÇÕES, 2005, p. 286).

Sobre a desencarnação violenta de Levi, o livro *Luz do mundo* afirma: "Mateus, também amoroso, consentiu em ser martirizado" (FRANCO, 2003, p. 37).

Para maiores informações sobre o apóstolo Mateus, leia-se o capítulo "O ministério de Mateus Levi" na obra *...Até o fim dos tempos*, cujo mencionado capítulo conclui com este profundo parágrafo: "Mateus Levi mudara de atividade, encontrando a sua real vocação — anotar almas para o banquete do reino de Deus" (FRANCO, 2000, p. 55).

3.3 ALGUMAS CARACTERÍSTICAS DO EVANGELHO DE MATEUS

Com referência às *anotações de Levi*, o livro *Paulo e Estêvão* registra um formoso diálogo entre Simão Pedro e Jeziel (Estêvão), na *Casa do Caminho* — onde Jeziel foi conduzido no inverno do ano 34/35 d.C. —, quando Simão disse a Estêvão:

— Vou buscar-te os textos novos. São as *anotações de Levi sobre o Messias redivivo*. E, em breves minutos, o Apóstolo lhe punha nas mãos os *pergaminhos do Evangelho*. Jeziel não leu; devorou. Assinalou, em voz alta, uma a uma, todas as passagens da narrativa, seguido pela atenção de Pedro intimamente satisfeito. Terminada a rápida análise, o jovem advertiu: — *Encontrei o tesouro da vida*, preciso examiná-lo com mais vagar, quero saturar-me da sua luz, pois aqui pressinto a chave dos enigmas humanos. Quase em lágrimas, leu o Sermão da Montanha, *secundado pelas comovedoras lembranças de Pedro*. Em seguida, ambos passaram a comparar os ensinamentos do Cristo com as profecias que o anunciavam (XAVIER, 2010, p. 78, grifos nossos).

O autor de *Parábolas de Jesus: texto e contexto*, comentando o citado trecho da magna obra *Paulo e Estêvão*, aduz: "Naturalmente somos obrigados a reconhecer que essas anotações foram ampliadas no decorrer do tempo, até assumirem a forma do evangelho de Mateus, tal como o conhecemos nos dias atuais" (DIAS, 2011, p. 106).

Papias (75-150 d.C.), bispo de Hierápolis e escritor cristão — contemporâneo de Policarpo de Esmirna, que conviveu com o Apóstolo João —, escreverá que Mateus compilou os discursos ou ditos de Jesus em hebraico (aramaico) e que eram traduzidos segundo a capacidade de cada um. Esses discursos foram posteriormente transformados no *Evangelho segundo Mateus*, como o conhecemos em grego. Essa afirmativa é confirmada no livro *Há flores no caminho*, que diz no seu capítulo *Autenticidade histórica do Evangelho*: "Tudo indica que o texto de Mateus, *primitivamente foi escrito em aramaico*, antes de Marcos fazê-lo, *após o que, o redigiu em grego*" (FRANCO, 1982. p. 8-9, grifos nossos).

Sobre a comovente história do *Filho do Homem*, e acerca de outras tantas características do evangelho de Mateus — sendo que Levi foi testemunha pessoal de Jesus —, a obra *Primícias do reino* esclarece: "Mateus (Levi) escreveu-a para os israelitas que se cristianizaram, comparando a Boa-Nova com os textos antigos e utilizando-se das figuras comuns ao pensamento hebreu" (FRANCO, 1987, p. 196).

O livro *Quando voltar a primavera* registra o período histórico no qual Mateus escreveu definitivamente o seu Evangelho: "Mateus escreveu os 'ditos do Senhor' entre 50 a 55" (FRANCO, 2004, p. 20).

O evangelho de Mateus possui 28 capítulos e 1071 versículos. Alguns deles são os seguintes: — Os ascendentes de Jesus (MATEUS, 1:1-17); — Anúncio do Nascimento (MATEUS, 1:18-25); — João mergulha Jesus no Jordão (MATEUS, 3:13-17); — O Sermão do Monte (MATEUS, 5:1-12); — Cura do servo do centurião (MATEUS, 8:5-13); — Chamado de Mateus (MATEUS, 9:9); — Refeição com publicanos e pecadores (MATEUS, 9:10-13); — Perseguições (MATEUS, 10:17-33); — A árvore e seus frutos (MATEUS, 12:33-37); — Explicação da Parábola do semeador (MATEUS, 13:10-23); — Parábola da rede (MATEUS, 13:47-52); — Herodes (MATEUS, 14:1-12); — Jesus caminha sobre as águas (MATEUS, 14:22-33); — A vinda de Elias (MATEUS, 17:9-13); — Erro e perdão (MATEUS, 18:15-22); — Entrada do Messias em Jerusalém (MATEUS, 21:1-11); — O Maior Mandamento (MATEUS, 22:34-40); — O Sermão Profético (MATEUS, 24:1-31); — Parábola dos talentos (MATEUS, 25:14-30); — A prisão de Jesus (MATEUS, 26:47-56); — O sepultamento (MATEUS, 27:57-61); — Aparição de Jesus na Galileia (MATEUS, 21:1-11) (DIAS, 2013, sumário).

3.4 MARCOS

Alguns dados importantes sobre Marcos encontram-se na compilação *Sou eu: a paixão do Cristo na visão dos espíritos*. A referida compilação cita o seguinte perfil do evangelista:

> Marcos (também chamado João), filho de Maria, de Jerusalém, em cujo lar os cristãos se reuniam e onde o apóstolo Pedro, libertado do presídio, se acolheu, que conheceu de perto as lides apostólicas junto a Paulo e Barnabé, dos quais se afastou em Perge, na Panfília, retornando a Jerusalém, tendo sido convocado mais tarde pelo próprio Pedro à sementeira em Roma, em cuja ocasião grafou sua narrativa (CHRISPINO, 2006, p. 33).

Marcos era um judeu-cristão da Palestina, sendo o seu nome completo João Marcos. Em *Colossenses*, 4:10, o apóstolo Paulo o chama de sobrinho de Barnabé (outras traduções colocam: primo de Barnabé).

O evangelista Marcos foi companheiro de Pedro em Roma. É assim que Papias, de acordo com o bispo Eusébio de Cesareia (*c.* 265 – 339 d.C.), escreve sobre ele: "Marcos, intérprete de Pedro, escreveu com exatidão, mas sem ordem, tudo aquilo que recordava das palavras e das ações do Senhor", de acordo com o que Pedro contava. Outra corrente tradicional faz dele o fundador da Comunidade Cristã de Alexandria, o que muitos negam. Acredita-se que foi martirizado no Egito, durante o governo de Trajano (98–117 d.C.) (ARGOLLO, 1994, p. 92-93).

3.5 ALGUMAS CARACTERÍSTICAS DO EVANGELHO SEGUNDO MARCOS

Também a citada compilação acrescenta, como epígrafe ao mencionado capítulo, os dizeres do posfácio de *Primícias do reino*:

"Marcos, que serviu de intérprete a Pedro, registrou com exatidão, ainda que não pela ordem, palavras e obras de Jesus".

Encontraremos Marcos com Pedro em Roma à época do martírio deste. O livro *Parábolas de Jesus: texto e contexto* acrescenta, a respeito, o seguinte: "Persiste apenas a dúvida se Marcos teria escrito seu evangelho antes do martírio de Pedro, ocorrido por volta do ano 64 d.C., ou após a morte do apóstolo" (DIAS, 2011, p. 113).

Reza a História que Marcos fundou a Igreja de Alexandria e foi martirizado no Egito, conforme nos informa a obra do referido Eusébio de Cesareia. A respeito do período histórico em que foi escrito o evangelho de Marcos, *Quando voltar a primavera* registra: "Marcos narrou os fatos num período que vai de 55 a 62, em Roma, ao lado de Pedro" (FRANCO, 2004).

O evangelho de Marcos possui 16 capítulos e 678 versículos. Esse evangelista escreve para os romanos recém-convertidos. No seu evangelho não se encontram longas digressões discursivas, e sua estrutura pode ser resumida assim: — Pregação de João Batista (MARCOS, 1:1 a 8); — Batismo de Jesus (MARCOS, 1:9 a 11); — Tentação no deserto (MARCOS, 1:12 a 13); — Jesus na Galileia e regiões vizinhas (MARCOS, 1:14 ao cap. 9); — Jesus caminha sobre as águas (MARCOS, 6:45 a 52); — Segunda multiplicação dos pães (MARCOS, 8:1 a 10); — Cura de um cego em Betsaida (MARCOS, 8:22 a 26); — Jesus na Judeia, pregação, prisão, julgamento, tortura, execução e retorno espiritual (MARCOS, 10:16); — A autoridade de Jesus (MARCOS, 11:27 a 33).

3.6 LUCAS

O evangelista Lucas provinha de Antioquia da Síria, era médico profissional (o que seu evangelho deixa perceber pelas descrições técnicas das doenças curadas por Jesus) e foi companheiro do Apóstolo Paulo. Além de escrever *O evangelho segundo Lucas*, este é também o autor de *Atos dos apóstolos*. "Esta questão não é mais discutida e poucos são aqueles que pretendem defender posição diferente. Morreu [Lucas] aos 84 anos, solteiro e sem filhos, na Beócia" (TOLBERT, 1987; MORRIS, 2000).

> O evangelho de Lucas é o mais extenso. É, certamente, o mais bem escrito. É certo também que o fato de já estarem circulando os evangelhos de Mateus e de Marcos facilitou a escrita ordenada e lógica encontrada no terceiro Evangelho, e a possibilidade de entrevistar testemunhas oculares e outros que conviveram com membros do colégio apostólico permitiu a construção de um bom texto. Talvez isso explique porque o evangelho segundo Lucas é o que maior número de parábolas apresenta (CHRISPINO, 2006, p. 38).

Lucas foi o introdutor do termo *cristão*, que passou a designar desde então os seguidores da mensagem do Cristo. Antes eles eram conhecidos com a designação de homens do *Caminho*, segundo nos informa o preclaro Espírito Emmanuel (XAVIER, 2010).

Para a confecção do seu evangelho, Lucas recolhe valiosas informações de Paulo, de Maria de Nazaré, de Joana de Cusa, de Maria de Magdala e de outros, escrevendo para a grande massa dos gentios conversos. Sobre o idioma que Lucas utilizou para escrever o seu evangelho, a obra *Há flores no caminho* elucida:

> Lucas, porém, escreveu, *em grego castiço desde o início,* os apontamentos que lhe chegaram por Paulo, dando uma ordem lógica e clara aos fatos e comentários, aos discursos do Mestre. Possivelmente ouviu Maria narrando a infância do filho (FRANCO, 1982, p. 8).

3.7 ALGUMAS CARACTERÍSTICAS DO EVANGELHO SEGUNDO LUCAS

O Espírito Emmanuel registra em *Paulo e Estêvão* o seguinte diálogo travado entre o médico Lucas e Paulo de Tarso — que se encontrava preso em Cesareia no ano 60 d.C. —, o que ressalta a grande importância do *Evangelho segundo Lucas* e dos *Atos dos apóstolos*:

> A esse tempo, o ex-doutor de Jerusalém chamou a atenção de Lucas para o velho projeto de escrever uma biografia de Jesus, valendo-se das informações de Maria; lamentou não poder ir a Éfeso, incumbindo-o desse trabalho, que reputava de capital importância para os adeptos do Cristianismo. O médico amigo satisfez-lhe integralmente o desejo, legando a posteridade o precioso relato da vida do Mestre, rico de luzes e esperanças divinas. Terminadas as anotações evangélicas, o espírito dinâmico do Apóstolo da gentilidade encareceu a necessidade de um trabalho que fixasse as atividades apostólicas logo após a partida do Cristo, para que o mundo conhecesse as gloriosas revelações do Pentecostes, e assim se originou o magnífico relatório de Lucas, que é *Atos dos apóstolos* (XAVIER, 2010, p. 599).

No posfácio do livro *Primícias do reino*, o Espírito Amélia Rodrigues diz o seguinte sobre *O evangelho segundo Lucas* e acerca dos *Atos dos apóstolos*, ambos escritos por volta de 63 d.C. aproximadamente:

> Lucas, recém-convertido por Paulo, residiu em Cesareia, no lar do diácono Filipe, de quem, emocionado, escutou a narrativa oral dos acontecimentos, bem como, em Jerusalém, ouviu os mesmos fatos contados por Tiago Menor. Erudito, nascido em Antioquia, de cultura helênica, é o narrador deslumbrado e comovido dos feitos e palavras de Jesus. É o mais lindo dos quatro evangelhos, impregnado da mansuetude do Cordeiro. Escrevendo

ao "excelente Teófilo", é dedicado à grande grei dos gentios, arrebatada pelo verbo candente de Paulo, seu mestre. Prosseguirá escrevendo, mais tarde, os *Atos dos apóstolos* com seu inconfundível estilo (FRANCO, 1987, p. 196 a 198).[2]

O evangelho segundo Lucas possui 24 capítulos e 1151 versículos. Alguns deles são: — Anúncio do nascimento de João Batista (LUCAS, 1:5 a 25); — Anúncio do nascimento de Jesus (LUCAS, 1:26 a 35); — Visita de Maria a Isabel (LUCAS, 1:39 a 45); — Jesus no Templo — Primeira Páscoa (LUCAS, 2:41 a 52); — Cura do endemoniado na Sinagoga de Cafarnaum (LUCAS, 4:31 a 37); — Os primeiros quatro discípulos (LUCAS, 5:1 a 11); — Refeição com publicanos e pecadores (LUCAS, 5:29 a 32); — Bem-aventuranças (LUCAS, 6:20 a 26); — Amor aos inimigos (LUCAS, 6:27 a 36); — As mulheres que acompanhavam Jesus (LUCAS, 8:1 a 3); — Parábola do semeador (LUCAS, 8:4 a 8); — A transfiguração (LUCAS, 9:28 a 36); — Parábola do bom samaritano (LUCAS, 10:25 a 37); — Parábola dos dois filhos (LUCAS, 15:11 a 32); — Parábola do administrador infiel (LUCAS, 16:1 a 13); — Jesus e Zaqueu (LUCAS, 19:1 a 10); — A última ceia pascal (LUCAS, 22:14 a 23); — Martírio e crucificação (LUCAS, 23:26 a 43); — Aparição de Jesus na Galileia (LUCAS, 24:36 a 53) (DIAS, 2013, p. 247 a 386).

> Atos dos apóstolos é um dos livros do Novo Testamento, escrito em grego pelo evangelista Lucas, o autor do 3º Evangelho. [...] Se quiséssemos resumi-lo, nele veríamos a história da fundação dos primeiros núcleos cristãos (Igrejas) até a morte de Herodes; o cumprimento de muitas promessas do Cristo; a prova da ressurreição e aparições do divino Mestre; a difusão do Espírito no Cenáculo de Jerusalém; o desinteresse, a caridade dos primeiros Apóstolos, enfim, o que sucedeu a estes até a sua dispersão, para pregarem o Evangelho em todos os lugares ao seu alcance (SCHUTEL, 1987, p. 2).

---

2 Com nota de rodapé nº 4 da autora espiritual: "Dante afirmava que Lucas 'é o escriba da mansidão de Jesus'".

3.8 JOÃO

Testemunha pessoal de Jesus, o apóstolo João — autor do quarto evangelho — e o seu irmão Tiago, o maior, eram filhos de Zebedeu e de Salomé. O livro *Boa Nova* elucida a sua cidade de origem (leia-se também na mesma obra o emocionante capítulo 4: "A família Zebedeu", p. 29-34): "Pedro, André e Filipe eram filhos de Betsaida, de onde vinham igualmente Tiago e João, descendentes de Zebedeu" (XAVIER, 2013, p. 35).

Além do seu evangelho, João é o autor de três epístolas do Novo Testamento e do *Apocalipse*. O *Dicionário enciclopédico da Bíblia* registra os seguintes dados acerca do apóstolo João: "Ocupava na comunidade primitiva de Jerusalém um lugar de destaque. Paulo conta-o entre as 'colunas da Igreja'" (GÁLATAS, 2:9) (BORN, 1992, p. 794).

João Evangelista foi o único, dos doze discípulos, que não teve uma morte violenta.

3.9 ALGUMAS CARACTERÍSTICAS DO EVANGELHO SEGUNDO JOÃO

João escreveu o seu evangelho (chamado *espiritual* ou *místico*) entre os anos 96 a 104, ainda em Éfeso, para onde fora desde Domiciano, quando partiria da Terra, no reinado de Trajano, naquele mesmo ano de 104, em idade muito avançada, não obstante lúcido. A respeito, a obra *Primícias do reino* registrou no seu Posfácio:

> João, o discípulo amado, místico por excelência, escreveu para os cristãos que já conheciam a Mensagem com segurança. Aprofundou a sonda reveladora e se adentrou no colóquio do Mestre com Nicodemos, sobre o *novo renascimento*, de cujo colóquio,

possivelmente, participara como ouvinte. Começa o seu estudo com a transcendente questão do Verbo e o encerra no Apocalipse com a fulgurante visão medianímica de *Jerusalém Libertada*. O seu, é o Evangelho espiritual (FRANCO, 1987, p. 198).

O livro *Há flores no caminho* cita o reencarnacionista Orígenes, um dos célebres pais da Igreja, que se refere ao evangelho de João da seguinte forma:

> O evangelho de João, *igualmente redigido em grego*, também é chamado "espiritual", merecendo de Orígenes, o pai da Igreja do Século III, o seguinte comentário: "Ousamos proclamar que a flor de todas as Escrituras é o evangelho dado por João; não lhe pode perceber o sentido quem não tenha repousado no coração de Jesus ou não tenha recebido, de Jesus, Maria como Mãe!" (FRANCO, 1982, grifo nosso).

Haroldo Dutra Dias, no seu *Parábolas de Jesus: texto e contexto*, acrescenta os seguintes dados sobre o evangelho de João: "No tocante ao evangelho de João, não há dúvidas de que foi redigido nos últimos anos do primeiro século, por algum de seus discípulos, responsável pelo registro de suas recordações e lições" (DIAS, 2011).

Numa síntese notável, o Espírito Amélia Rodrigues define o Novo Testamento, obra em que se encontram os evangelhos de Mateus, Marcos, Lucas e João, da seguinte maneira:

> Ao todo, vinte e sete pequenos livros constituídos por duzentos capítulos e sete mil novecentos e cinquenta e sete versículos, em linguagem simples: quatro narrativas evangélicas, um *Atos dos apóstolos* (atribuído a Lucas), catorze epístolas de Paulo, uma de Tiago Menor, duas de Pedro, três de João, uma de Judas (Tadeu) e o *Apocalipse* de João.

O *Evangelho segundo João* possui 21 capítulos e 878 versículos, sendo alguns deles: — Os primeiros discípulos de Jesus (JOÃO, 1:35 a 42); — As bodas em Caná da Galileia (JOÃO, 2:1 a 12); — Jesus e Nicodemos (JOÃO, 3:1 a 21); — Jesus e João Batista (JOÃO, 3:22 a 30); — Jesus e a mulher samaritana (JOÃO, 4:1 a 42); — Discurso sobre a obra do Filho (JOÃO, 5:19 a 47); — Palavras de Vida Eterna (JOÃO, 6:60 a 71); — A mulher adúltera (JOÃO, 8:1 a 11); — O testemunho de Jesus (JOÃO, 8:12 a 30); — Jesus e Abraão (JOÃO, 8:31 a 59); — A cura do cego de nascença (JOÃO, 9:1 a 41); — A ressurreição de Lázaro (JOÃO, 11:1 a 44); — Entrada do Messias em Jerusalém (JOÃO, 12:12 a 19); — Jesus lava os pés dos discípulos (JOÃO, 13:1 a 20); — A predição da negação de Pedro (JOÃO, 13:36 a 38); — Jesus é o Caminho, a Verdade e a Vida (JOÃO, 14:1 a 31); — O Paracleto (JOÃO, 16:5 a 33); — Jesus diante de Pilatos (JOÃO, 18:28 a 40); — Morte de Jesus (JOÃO, 19:28 a 37); — As mulheres visitam o túmulo (JOÃO, 20:1 a 10); — Aparições de Jesus (JOÃO, 20:11 a 31); — Jesus e Tomé (JOÃO, 20:24 a 31); — Jesus e Pedro (JOÃO, 21:15 a 19); — Jesus e o discípulo amado (JOÃO, 21:20 a 25) (DIAS, 2013, p. 389 a 470).

3.10 CONCLUSÃO

Após os ingentes sacrifícios do Cristo e seus discípulos, para legar a posteridade o exemplo vivo do Evangelho, a nós, cristãos-espíritas, cumpre meditarmos e agirmos no estudo, na divulgação e na prática da Boa-Nova, hoje rediviva nas páginas de sabedoria de *O evangelho segundo o espiritismo* — que é Jesus de volta —, cujo sesquicentenário de Luz estamos comemorando, em nível nacional e internacional.

Quais características, marcas ou caracteres deixaremos nós, adeptos do Consolador, desde o nosso posto de trabalho doutrinário, familiar e social? Que sejam marcas de vivência evangélica, resgatando, com profunda renúncia, os valores imperecíveis do Cristianismo primitivo, exemplificado pelo Mestre e seus Apóstolos. Que o sublime roteiro do Evangelho seja o mapa e o guia da nossa viagem interior e, ao mesmo tempo, o firme alicerce, que deveremos preservar, incólume, ante os desafios que precisamos vencer unidos, por meio da prática contínua dos ensinos do Cristo, *dando conta da nossa administração*, como oportunamente anotou o evangelho de Lucas (16:2).

REFERÊNCIAS

ARGOLLO, Djalma M. *O novo testamento*: um enfoque espírita. 2. ed. São Paulo: Mnêmio Túlio, 1994.

BORN, A. Van Den. (Org.). *Dicionário enciclopédico da Bíblia*. 6. ed. Petrópolis: Vozes, 2004.

CHRISPINO, Álvaro (Org.). *Sou eu: a* paixão do Cristo na visão dos espíritos. Salvador: LEAL, 2006.

DIAS, Haroldo Dutra. *Parábolas de Jesus:* texto e contexto. Curitiba: FEP, 2011.

FRANCO, Divaldo Pereira. *...Até o fim dos tempos*. Pelo Espírito Amélia Rodrigues. 3. ed. Salvador: LEAL, 2000.

_____. *Há flores no caminho*. Pelo Espírito Amélia Rodrigues. Salvador: LEAL, 1982.

_____. *Luz do mundo*. Pelo Espírito Amélia Rodrigues. 8. ed. Salvador: LEAL, 2003.

_____. *Primícias do reino*. Pelo Espírito Amélia Rodrigues. 4. ed. Salvador: LEAL, 1987.

_____. *Quando voltar a primavera*. Pelo Espírito Amélia Rodrigues. 6. ed. Salvador: LEAL, 2004.

KARDEC, Allan. *O evangelho segundo o espiritismo*. Tradução de Guillon Ribeiro. 131. ed. 1. imp. (edição histórica). Brasília: FEB, 2013.

O NOVO Testamento. Tradução, introdução e notas: Haroldo Dutra Dias. Brasília: FEB, 2013.

QUEM É QUEM... Enciclopédia Biográfica Ilustrada da Bíblia. Apud Seleções do Reader'Digest, 2005, p. 286. Verbete Mateus.

ROPS, Daniel. *A vida quotidiana na Palestina no tempo de Jesus*. Tradução de José da Costa Saraiva. Lisboa: Livros do Brasil, s. d.

SCHUTEL, Cairbar. *Vida e atos dos apóstolos*. 8. ed. Matão: O Clarim, 1987.

XAVIER, Francisco Cândido. *Boa nova*. Pelo Espírito Humberto de Campos. 36. ed. 7. imp. Brasília: FEB, 2013.

_____. *Paulo e Estêvão*. Episódios históricos do Cristianismo primitivo. Pelo Espírito Emmanuel. 44. ed. 3. reimp. Rio de Janeiro: FEB, 2010.

CAPÍTULO 4

*

JESUS, MODELO E GUIA

Luiz Cláudio Costa

Desde a passagem de Jesus pela Terra, várias pessoas tentaram defini-lo. Afinal quem seria esse homem tão fascinante? Pesquisadores, historiadores, religiosos e acadêmicos se debruçaram sobre os fatos e relatos no sentido de encontrar uma resposta sobre a existência e a identidade de Jesus. Ernest Renan, notável pesquisador e escritor do século XVII, membro da Academia Francesa de Letras, após anos de pesquisas asseverou: "Jesus existiu, viveu em Nazaré, na Galileia, pregou de uma maneira encantadora e deixou na cabeça dos seus discípulos, ensinamentos que lhes ficaram gravados profundamente e que transformaram para sempre a humanidade". E continua: "Jesus foi tão grande que não coube na História, que passou a ser dividida em antes e depois dele" (RENAN, 1862). A grandiosidade de Jesus e de sua obra é tamanha que é até possível entender aqueles que o chamam de Deus.

Apesar de parecer uma questão menor, o entendimento de *quem* é Jesus é de fundamental importância para que a sua mensagem seja completamente compreendida. Afinal, a tarefa maior do cristão é seguir os seus exemplos e ensinamentos na plenitude. Assim, embora compreendamos aqueles que O confundem com Deus, afinal a grandiosidade de Jesus e da sua obra é tamanha que tende a nos levar a tal conclusão, esse entendimento pode tornar-se um empecilho para seguir os Seus ensinamentos, pois como Deus Ele se distancia completamente de nós, sendo, pois, impossível seguir na plenitude seus exemplos e ensinamentos.

Coube ao educador Hippolyte Léon Denizard Rivail responder a essa e outras questões de fundamental importância para o destino da humanidade. Convencido, após profundas análises, da veracidade e relevância dos fenômenos ocorridos na casa da Sra. Plainemaison a rua Grange Belelière, em Paris, decidiu o prof. Rivail se dedicar à codificação dos ensinos dos Espíritos. Nascia assim, em 18 de abril de 1857, *O livro dos espíritos*. Surgia, nesse mesmo instante, para a humanidade, Allan Kardec.

Antes de se tornar Allan Kardec, o Prof. Rivail se definia em seus livros didáticos como "discípulo de Pestalozzi, diretor de escola da Academia de Paris, membro de diversas sociedades científicas". Como discípulo de Pestalozzi, o prof. Rivail, buscava estimular o espírito natural de observação de seus estudantes; cultivar a inteligência para estimular o aluno a realizar suas próprias descobertas; levá-los a conhecer o fim e a razão de tudo o que faz e conduzi-los a "apalpar com os dedos e com os olhos todas as verdades" (MAIOR, 2013).

A convivência com Pestalozzi e a sua sólida formação como educador foi de fundamental importância para que Kardec conduzisse com espírito e rigor científico, imparcialidade e coerência a obra da Codificação. Atento à necessidade de dar sentido à comunicação dos Espíritos e à necessidade de buscar responder as questões essenciais para entendermos o sentido da vida, organiza *O livro dos espíritos* em quatro partes: As causas primeiras; Mundo espírita ou dos Espíritos; Leis morais e Esperanças e consolações.

No livro terceiro, que trata das Leis morais e se estende da questão 614, que versa sobre a Lei natural, a questão 919, que indaga sobre a forma de se melhorar nessa vida e resistir aos arrastamentos do mal, bem como sobre o conhecimento de si mesmo, que apresenta notável comentário e orientação de Santo Agostinho, fica evidente a observação de que os ensinamentos dos Espíritos luminares são completamente baseados na essência do Evangelho de Jesus.

Como forma de expandir os notáveis ensinamentos dos Espíritos apresentados nessa parte de *O livro do espíritos*, Kardec lançaria em abril de 1864, *O evangelho segundo o espiritismo*, obra sublime da Codificação que mostra com clareza a essência dos ensinamentos do Mestre nazareno como fundamento moral de todos os ensinamentos da Doutrina Espírita. Para não deixar dúvidas sobre os ensinamentos ali constantes, assim se pronuncia o Espírito de Verdade no prefácio da obra: "Eu vos digo, em verdade, que são chegados os tempos em que todas as coisas hão de ser restabelecidas no seu verdadeiro sentido, para dissipar as trevas, confundir os orgulhosos e glorificar os justos".

Na introdução de *O evangelho segundo o espiritismo*, assim se manifesta Kardec com a habitual lucidez:

> Pode-se dividir em cinco partes as matérias contidas nos evangelhos: os atos comuns da vida do Cristo; os milagres; as predições; as palavras que foram tomadas pela Igreja para o fundamento de seus dogmas; e o ensino moral. As quatro primeiras têm sido objeto de controvérsias; a última, porém, conservou-se constantemente inatacável.

E encerra: "As instruções que promanam dos Espíritos são verdadeiramente as vozes do Céu que vêm esclarecer os homens e convidá-los à prática do Evangelho".

E é exatamente na questão 625 do livro terceiro de *O livro dos espíritos* que, como relatamos, mais tarde serviria de base para a publicação de *O evangelho segundo o espiritismo*, que se observa mais uma vez a lucidez do discípulo de Pestalozzi, o qual sempre estimulava em seus alunos a arte de pensar e sabia que educar é muito mais do que fornecer grande quantidade de informações e conteúdos. O verdadeiro educador deve estimular em seus alunos a reflexão e a busca do saber e da verdade.

A isenção, seriedade e honestidade de Kardec na busca da verdade tornam-se mais uma vez explícitas na indagação que faz. Não existe, na pergunta, qualquer indução a resposta: "Qual o tipo mais perfeito que Deus ofereceu ao homem para lhe servir de *guia e modelo*?" Ao que os Espíritos responderam simplesmente: *Jesus*. Com certeza, a resposta mais curta de *O livro dos espíritos*.

A pergunta ainda apresenta outra grandiosidade do codificador. Como *guias,* a humanidade já tivera vários. Ele acrescenta à pergunta a expressão modelo, ou seja, quem poderia servir de exemplo à humanidade como modelo, aquele que poderia servir de exemplo para ser imitado por todos em todos os tempos. Está restabelecido, pois, o elo entre o Espírito encarnado e desencarnado que pulula no orbe terreno, Jesus e Deus. Sendo, pois, Jesus modelo para os homens, como disseram os Espíritos a Kardec, fica explícita a nossa tarefa em imitá-lo.

Mais importante ainda, além de nos apresentar Jesus como modelo e guia, a Doutrina Espírita nos esclarece por que e como podemos imitar Jesus, pois nos apresenta o Mestre nazareno como um filho de Deus, criado como todos nós, Espírito imortal, uma espécie de irmão mais velho na evolução espiritual, que de forma amorosa vem nos auxiliar a encontrar o caminho da casa do Pai celestial.

Esclarece-nos a Doutrina Espírita que Jesus, como Governador da Terra, recebeu de Deus a incumbência de guiar a humanidade na sua evolução e assim Ele, desde a criação do planeta, continua apontando o caminho e servindo de modelo para o aperfeiçoamento da humanidade (XAVIER, 2013).

Durante a sua passagem pela Terra, Jesus demonstrou sempre, em suas palavras, em seus atos, em seus silêncios e em seus ensinos, que Ele veio para apresentar um roteiro seguro para o nosso desenvolvimento moral. Ao declarar: "Sede perfeitos..." (MATEUS, 5:44 a 48) deixou claro que todos os homens podem aperfeiçoar-se, pois esse era e é um ensinamento atemporal e para toda a humanidade. Ao asseverar: "Eu sou o caminho, a verdade e a vida, ninguém vai ao Pai senão por mim" (JOÃO, 14:6), definiu de maneira clara a sua missão como modelo e guia.

A essência do seu ensino é a lei do amor, da qual ele foi modelo em todos os seus dias na Terra. Os seus ensinamentos servem desde sempre como estrela guia indicando o verdadeiro caminho para a paz e a felicidade.

Todos nós, Espíritos encarnados e desencarnados que vivemos no entorno da Terra, somos sempre convidados a ouvir seus exemplos e ensinamentos: "Amai, pois, os vossos inimigos, fazei o bem..." (LUCAS, 6:35). "Amai-vos uns aos outros..." (JOÃO, 15:9 a 17). "Perdoai não sete vezes, mas setenta vezes sete vezes" (MATEUS, 18:20 e 21). Se temos dúvidas sobre quem é o próximo, Ele nos esclarece na Parábola do Bom Samaritano (LUCAS, 10:30 a 37).

Ensina-nos, pois, a Doutrina Espírita que Jesus é o Espírito mais perfeito que já passou pela Terra, irmão amoroso que veio cuidar de todas as suas ovelhas e ensinar a verdadeira finalidade da vida no mundo, que tem por objetivo a nossa evolução moral que leva ao aperfeiçoamento do Espírito. E assim, vamos marchando em nossa caminhada evolutiva aprendendo e seguindo os caminhos do Mestre. Não importa em que estágio evolutivo estamos; sempre recebemos o amor e a orientação de Jesus para que busquemos o caminho da paz e felicidade.

Na questão 625, Kardec, como notável educador, entendia a necessidade te termos um referencial na busca do nosso aperfeiçoamento moral. O comentário de Kardec à resposta dos Espíritos auxilia-nos ainda mais a compreensão da proposta dos Espíritos luminares:

Jesus é para o homem o modelo da perfeição moral que a humanidade pode pretender sobre a Terra. Deus no-lo oferece como o mais perfeito modelo e a doutrina que ensinou é a mais pura expressão da sua lei, porque ele estava animado do espírito divino e foi o ser mais puro que apareceu sobre a Terra (KARDEC, 2013, q. 625).

Com esse comentário, o codificador destaca a missão divina de Jesus, reiterando mais uma vez a importância do modelo e guia por ele apresentado na questão. Ter Jesus como modelo é saber que seus ensinamentos, atos e gestos são referenciais a serem seguidos e imitados, em todas as situações de nossas vidas. E, sem sombras de dúvidas, Jesus como modelo e guia dá-nos o ensino maior: "Amai-vos uns aos outros como eu vos amei". O guia de luz e o modelo pleno do amor nos indica o caminho seguro e único para a verdadeira felicidade. Em todos os seus atos, Jesus, o modelo sublime, ensinou-nos como agir para atingirmos essa máxima do amor.

O estudo de *O evangelho segundo o espiritismo* deve ser o reencontro do Espírito em busca de orientação e esclarecimentos com aquele que nos foi ofertado por Deus como Modelo e Guia para toda a nossa existência: Jesus!

REFERÊNCIAS

KARDEC, Allan. *O livro dos espíritos*. Tradução de Evandro Noleto Bezerra. ed. esp. Brasília: FEB, 2013.

_____. *O evangelho segundo o espiritismo*. Tradução de Evandro Noleto Bezerra. 2. ed. Brasília: FEB, 2013.

MAIOR, Marcel Souto. *Kardec*: a biografia. Rio de Janeiro: Record, 2013.

RENAN, Joseph Ernest. Conferência. Collége de France, 1862.

XAVIER, Francisco Cândido. *A caminho da luz*. Pelo Espírito Emmanuel. Brasília: FEB, 2013.

CAPÍTULO 5

*

JESUS, A PORTA; KARDEC, A CHAVE

Antonio Cesar Perri de Carvalho

Interessante o registro de João sobre a colocação do Cristo: "Eu sou a porta. Se alguém entrar por mim, será salvo; entrará, e sairá, encontrará a pastagem." (JOÃO, 10:9). Ao apresentar *O evangelho segundo o espiritismo*, Allan Kardec comenta: "Muitos pontos dos evangelhos, da Bíblia e dos autores sacros em geral só são ininteligíveis, parecendo alguns até irracionais, por falta da chave que faculte se lhes apreenda o verdadeiro sentido" (KARDEC, 2013, p. 18).

As duas figuras — porta e chave — foram reunidas e comentadas em significativa mensagem do espírito Emmanuel, concluindo: "Jesus, a porta. Kardec, a chave" (XAVIER, 1963, p. 30 a 34).

A compreensão aprofundada do Evangelho a luz do Espiritismo descortina-nos uma visão sobre o Mestre dos Mestres como nosso "modelo e guia" (KARDEC, 1994, q. 625).

Na obra inaugural da Doutrina Espírita, o codificador dedicou a 3ª. Parte ao desenvolvimento do tema "Das Leis Morais". São 306 questões, quase um terço do total do livro, sobre os ensinos do Cristo analisadas de uma maneira geral e com base nas orientações da plêiade do Espírito de Verdade.

Poucos anos depois, *O livro dos espíritos* teve um desdobramento com o surgimento de *O evangelho segundo o espiritismo*, que trata do ensino moral do Cristo ilustrando-o com seus exemplos da vida e suas parábolas. Kardec define esse último livro como "[...] roteiro infalível para a felicidade vindoura, o levantamento de uma ponta do véu que nos oculta a vida futura. Essa parte é a que será objeto exclusivo desta obra" (KARDEC, 2013, p. 17).

No capítulo I, deixa clara a compreensão da gradação e continuidade das revelações e que elucida os comentários do Cristo: "Não penseis que eu tenha vindo destruir a lei ou os profetas; não os vim destruir, mas cumpri-los... (Mateus, 5:17)" (KARDEC, 2013, p. 41). Mas é no capítulo VI ,"O Cristo Consolador", que se estabelece a ampliação da visão sobre o Cristo e da missão do Espiritismo em nossos tempos, no papel de acolhimento, consolo, esclarecimento e orientação de encarnados e de desencarnados. Com essas finalidades, os centros espíritas se caracterizam realmente como postos de apoio e escolas, prioritariamente de natureza espiritual.

Aí se inclui o intercâmbio entre as humanidades das duas dimensões da vida e fica claro que os princípios de Jesus também se encontram na base das recomendações de Kardec sobre a prática da mediunidade: "A bandeira que desfraldamos bem alto é a do *Espiritismo cristão e humanitário*, em torno do qual já temos a ventura de ver, em todas as partes do globo, congregados tantos homens, por compreenderem que aí que está a âncora de salvação, a salvaguarda da ordem pública, o sinal de uma Nova Era para a humanidade" (KARDEC, 2006, p. 566, it. 350). Algumas manifestações da Espiritualidade que se tornaram "matérias de fé" para muitos, como os chamados "milagres" e as predições de Jesus, são analisados em *A gênese* (KARDEC, 2005, cap. XIII a XVIII), num conceito e visão ampliados de natureza, propiciados pelo Espiritismo.

Na obra de Kardec, está muito clara a fundamentação cristã do Espiritismo. Por ocasião do centenário dos livros básicos da Codificação, Emmanuel escreveu pela psicografia de Francisco Cândido Xavier alguns livros comemorativos. Em obra que homenageia o livro inaugural de Kardec, o autor espiritual apresenta-o como: "[...] o primeiro marco da Religião dos Espíritos, em bases de sabedoria e amor, a refletir o Evangelho, sob a inspiração de Nosso Senhor Jesus Cristo" (XAVIER, 1973, p. 11-12).

Na obra psicografada por Chico Xavier, *Seara dos médiuns* (XAVIER, 2008), analisa-se a prática mediúnica de acordo com o Novo Testamento. Em *Livro da esperança*, Emmanuel opina: "[...] diante do Centenário de *O evangelho segundo o espiritismo* [...] este livro despretensioso de servidor reconhecido, como sendo *Livro da esperança*". O autor espiritual extravasa sua emoção: "Oh! Jesus! No luminoso centenário de *O evangelho segundo o espiritismo*, em vão tentamos articular, diante de ti, a nossa gratidão jubilosa! [...] — Obrigado, Senhor!...". Entre as centenas de livros psicografados por Chico Xavier, *Boa Nova* se destaca pela essência do conteúdo evangélico sob a ótica espírita.

O Espiritismo, fundamentado nas obras básicas de Allan Kardec, é a chave interpretativa. E, no conjunto da obra de Francisco Cândido Xavier, o exegeta Emmanuel e o Espírito Humberto de Campos claramente elucidam a significação do Cristo para nós e do marco que ele representa para a humanidade: é "a porta", "caminho, verdade e vida" e a "luz do mundo"! (João, 8:12 e 12:16).

REFERÊNCIAS

KARDEC, Allan. *O evangelho segundo o espiritismo*. Tradução de Guillon Ribeiro. 131. ed. (edição histórica). Brasília: FEB, 2013.

_____. *O livro dos espíritos*. Tradução de Guillon Ribeiro. 75. ed. Rio de Janeiro: FEB, 1994.

_____. *O livro dos médiuns*. Tradução de Guillon Ribeiro. 79. ed. Rio de Janeiro: FEB, 2006.

_____. *A gênese*. Tradução de Guillon Ribeiro. 46. ed. Rio de Janeiro: FEB, 2005.

XAVIER, Francisco Cândido. *Boa Nova*. Pelo Espírito Humberto de Campos. 1. ed. esp. Rio de Janeiro: FEB, 2006.

_____. *Livro da esperança*. Pelo Espírito Emmanuel. Uberaba: CEC, 1973.

_____. *Opinião espírita*. Pelo Espírito Emmanuel. Uberaba: CEC, 1963.

_____. *Religião dos espíritos*. Pelo Espírito Emmanuel. 21. ed. Rio de Janeiro: FEB, 2008.

_____. *Seara dos médiuns*. Pelo Espírito Emmanuel. 19. ed. Rio de Janeiro: FEB, 2008.

CAPÍTULO 6

*

A TRAJETÓRIA DA BOA-NOVA E *O EVANGELHO SEGUNDO O ESPIRITISMO*

Flávio Rey de Carvalho

O evangelho segundo o espiritismo é a obra que desperta maior interesse entre os espíritas do Brasil. Mediante esse fato, considera-se oportuno salientar alguns aspectos contextuais ligados a esse livro — que, em termos essenciais, direciona-se ao restabelecimento do "verdadeiro sentido" (KARDEC, 2013, p. 15)[3] do "ensino moral"(KARDEC, 2013, p. 17)[4] legado por Jesus. Assim, este artigo se volta ao destaque de alguns pontos relevantes — adotando-se, sobretudo, a perspectiva de Emmanuel expressa em *A caminho da luz* — que permitam correlacionar, retrospectivamente, a trajetória percorrida pelos ensinos de Jesus, nos primeiros séculos da Era Cristã, com a missão de Allan Kardec, em meados do século XIX.

Segundo Emmanuel, "[...] a vinda do Cristo ao planeta assinalaria o maior acontecimento para o mundo, uma vez que o Evangelho seria a

---

3 Nota do autor: Conforme expressou *O Espírito de Verdade*, no texto que serve de "Prefácio" a *O evangelho segundo o espiritismo*: "Eu vos digo, em verdade, que são chegados os tempos em que *todas as coisas hão de ser restabelecidas no seu verdadeiro sentido*, para dissipar as trevas, confundir os orgulhosos e glorificar os justos" (grifo nosso).
4 Nota do autor: Explicado por Allan Kardec nos seguintes termos: "Para os homens, em particular, constitui aquele código uma regra de proceder que abrange todas as circunstâncias da vida privada e da vida pública, o princípio básico de todas as relações sociais que se fundam na mais rigorosa justiça. É, finalmente e acima de tudo, o roteiro infalível para a felicidade vindoura, o levantamento de uma ponta do véu que nos oculta a vida futura. Essa parte é a que será objeto exclusivo desta obra".

eterna mensagem do Céu, ligando a Terra ao reino luminoso de Jesus [...]". Nessa época, conforme complementou o autor espiritual,

> Começava a era definitiva da maioridade espiritual da humanidade terrestre, uma vez que Jesus, com a sua exemplificação divina, entregaria o código da fraternidade e do amor a todos os corações. [...] Essa maioridade espiritual implicava [...] *agravo de responsabilidades e deveres para a solução de grandes problemas educativos do coração* (XAVIER, 2013, p. 97 e p. 120, grifo nosso).

Tratava-se do descortinar de novo patamar, na esfera do progresso espiritual, a ser alcançado pelos Espíritos que jornadeavam nas trilhas evolutivas da Terra. Naquela época, os fundamentos norteadores necessários para o cumprimento dessa nova etapa foram ensinados e exemplificados por Jesus, conforme aparece nas cenas de seu apostolado retratadas no Novo Testamento. Entre elas, destaca-se o *Sermão da Montanha*[5] como um dos ensinamentos mais memoráveis da Boa-Nova, pois nele se encontra revelada a essência de um novo padrão de conduta pautado pela modificação — a ser dinamizada de dentro para fora — dos sentimentos, da mentalidade e, consequentemente, das atitudes das pessoas.

Todavia, no que se refere à realização das grandes conquistas do coração, Emmanuel considerou: "Os *Espíritos* encarnados não conseguiram a eliminação dos laços odiosos da vaidade e da ambição [...]" (XAVIER, 2013, p. 119). Por isso, conforme ponderação feita pelo autor espiritual, "Decorridos três séculos da lição santificante de Jesus, surgiram a falsidade e a má-fé adaptando-se as conveniências dos poderes políticos do mundo, desvirtuando-se-lhes todos os princípios [...]" (XAVIER, 2013, p. 200). Doravante, em função do aumento do número de "pagãos convertidos", pouco a pouco a Boa-Nova foi sendo

---

5   Nota do autor: O *Sermão da Montanha*, também conhecido como *Sermão do Monte*, aparece melhor descrito em Mateus (MATEUS, 5:1-48, 6:1-34, 7:1-29), havendo também menções em Lucas.

acomodada e mesclada aos sistemas religiosos romanos do passado, perdendo, por conseguinte, a essência de sua simplicidade redentora dos primeiros tempos (XAVIER, 2008, p. 36-37).

Nesse desvirtuamento de princípios residem, basicamente, os motivos que levaram o Império Romano a se desviar de sua missão, que — segundo "[...] os desígnios do plano invisível naquela época [...]", revelados por Emmanuel — consistia em orientar "[...] a atividade geral para um grande movimento de fraternidade e de união de todos os povos do planeta [...]", levando a efeito "[...] a fundação de um único Estado na superfície do mundo [...]" (XAVIER, 2013, p. 103 e 108). É nessa fase de transição (e transmutação), que se encontram as raízes para o surgimento, alguns séculos mais tarde, da Idade Média, tida pelo autor espiritual como "[...] o período escuro da história da humanidade [...]" (XAVIER, 2013, p. 133). Em relação à supracitada distorção ocorrida nos três primeiros séculos da Era Cristã, o benfeitor salientou: "Desde essa época [...], estacionou o *homem espiritual* em seus surtos de progresso, impossibilitado de acompanhar o *homem físico* na sua marcha pelas estradas do conhecimento" (XAVIER, 2013, p. 200, grifo nosso).

Salienta-se que esse conhecimento — vinculado à esfera do "homem físico" — sofreria intenso avanço técnico e científico, nos séculos XVI, XVII e XVIII, caracterizando a chamada Época Moderna: tempo que ensejou o burilamento das mentes dos seres humanos, fornecendo as condições necessárias para a chegada do *Consolador* prometido[6], em meados do século XIX, na figura do Espiritismo. Nesse sentido, sugere-se que a missão de Allan Kardec estaria diretamente ligada à busca pela retomada do progresso do "homem espiritual", estacionado, em termos coletivos gerais, desde o século IV, quando o Cristianismo — desvirtuado ante as pressões dos interesses da política temporal — distanciou-se

---

6   Nota do autor: Conforme consta nas seguintes passagens evangélicas: João 14:16 e 26, 15:26 e 16:7. Na tradução de Haroldo Dutra Dias, o termo *Consolador* aparece vertido como *Paracleto*, embora conservando significado similar. (O NOVO Testamento, 2013, p. 446-7, 449-50).

dos ideais de amor, humildade e fraternidade prodigalizados por Jesus, enfaticamente, no *Sermão da Montanha*. Desse modo, conforme pontuou Emmanuel: "O Espiritismo vinha [...] reabilitar o Cristianismo [...], semeando, de novo, os eternos ensinamentos do Cristo no coração dos homens" (XAVIER, 2013, p. 193).

Portanto, essas breves reflexões servem para destacar o compromisso que temos, hoje, em correspondermos — nos campos do amor, da humildade e da fraternidade — ao *agravo de responsabilidades e deveres para a solução de grandes problemas educativos do coração*, cujo cumprimento, em nós, é aguardado por Jesus há mais de dois mil anos. Nesse sentido, levando-se em conta o grande interesse que há, entre os espíritas do Brasil, por *O evangelho segundo o espiritismo*, rememora-se, como conclusão para este artigo, parte de um texto de agradecimento escrito por Emmanuel, em 1964, quando se deu a celebração do centenário dessa obra:

Obrigado, Senhor!

Há um século, convidaste Allan Kardec, o apóstolo de teus princípios, à revisão dos ensinamentos e das promessas que dirigiste ao povo, *no Sermão da Montanha*, e deste-nos *O evangelho segundo o espiritismo*.

Desejavas que o teu verbo, como outrora, se convertesse em pão de alegria para os filhos da Terra e *chamaste-nos à caridade e à fé*, para que se nos purificassem as esperanças nas fontes vivas do sentimento.

Mensagens de paz e renovação clarearam o mundo!

Diante das tuas verdades que se desentranharam da letra, abandonamos os redutos de sombra a que nos recolhíamos, magnetizados por nossas próprias ilusões, e ouvimos-te, de novo, a palavra solar da vida eterna!

Agradecemos-te esse livro, em que nos induzes à *fraternidade e ao trabalho, à compreensão e à tolerância,* arrebatando-nos a influência das trevas, pela certeza de tuas perenes consolações... (XAVIER, 2002, p. 13, grifo nosso).

REFERÊNCIAS

KARDEC, Allan. *O evangelho segundo o espiritismo.* Tradução de Guillon Ribeiro. 131. ed. (edição histórica). Brasília: FEB, 2013.

O NOVO Testamento. Tradução, introdução e notas: Haroldo Dutra Dias. Brasília: FEB, 2013.

XAVIER, Francisco Cândido. *A caminho da luz.* Pelo Espírito Emmanuel. 38. ed. 1. imp. Brasília: FEB, 2013.

_____. *Emmanuel.* Pelo espírito Emmanuel. 27. ed. Rio de Janeiro: FEB, 2008.

_____. *O livro da esperança.* Pelo espírito Emmanuel. 17. ed. Uberaba: CEC, 2002.

CAPÍTULO 7

*

O EVANGELHO SEGUNDO O ESPIRITISMO: ANÁLISE DA SUA CONSTITUIÇÃO

Nilza Tereza Rotter Pelá

Conhecida como a terceira obra do *Pentateuco espírita*, *O evangelho segundo o espiritismo* nasceu com o nome *Imitação do evangelho segundo o espiritismo*. A notícia de sua publicação está na *Revista espírita*, edição de abril de 1864 (KARDEC, 2009a, p. 135- 138), da qual se destaca que as máximas evangélicas são incompreendidas, poucos as conhecem a fundo, menos ainda a compreendem e não sabem lhe deduzir consequências; contudo, o seu objetivo é ser "um código de moral universal, sem distinção de culto". Naquele mesmo ano, no mês de agosto, Allan Kardec anuncia o *Suplemento ao capítulo das preces da Imitação do evangelho* (KARDEC, 2009a, p. 314 a 325), e no mês de dezembro é publicada uma mensagem sobre o livro, assinada pelo Espírito de Verdade, psicografada em Bordeaux (KARDEC, 2009a, p. 533 e 534).

O conteúdo do livro aborda: negação das penas eternas; nova interpretação de Deus; negação da doutrina de Satanás; Jesus — Espírito angélico e não Deus; mediunidade e reencarnação. Tais assuntos, contrariando frontalmente os princípios do Catolicismo, despertam reação do clero e, provavelmente por esta razão, as próximas edições aparecem com o título *O evangelho segundo o espiritismo*.

Em novembro de 1865, Kardec anuncia a publicação da terceira edição do livro e destaca:

Esta edição foi objeto de um remanejamento completo da obra. Além de algumas adições, as principais alterações consistem numa classificação mais metódica, mais clara e mais cômoda das matérias, o que torna sua leitura e as buscas mais fáceis (KARDEC, 2009b, p. 469).

Que classificação mais metódica, mais clara e mais cômoda era essa? Que lógica pautava a sequência dos capítulos da obra e que foi organizada por Kardec como regra de bem proceder para nossa melhor compreensão?

7.1 AGRUPAMENTO SEQUENCIAL DOS CAPÍTULOS

A análise a seguir é uma tentativa de agrupamento sequencial dos capítulos de *O evangelho segundo o espiritismo* para encontrar o escopo de cada agrupamento feito por Kardec: Os tempos são chegados (*Prefácio*); O que queremos? De onde viemos? (*Introdução*); Premissas (capítulos I, II, III, IV); Como estamos? (capítulo V); Como podemos proceder? (capítulo VI); Ideal a atingir (capítulos VII, VIII, IX, X, XI, XII, XIII, XIV, XV, XVI, XVII); Nossas dificuldades (capítulos XVIII, XIX, XX, XXI, XXII, XXIII, XXIV); Nossa diretriz (capítulos XXV, XXVI, XXVII).

O alerta de que os tempos são chegados encontra-se no prefácio da obra, dando sinal para se estar vigilante, garantindo a proteção do plano espiritual.

7.2 O QUE QUEREMOS? DE ONDE VIEMOS?

Um bom educador, antes de explorar o conteúdo, apresenta aos leitores o objetivo da obra, bem como faz uma retrospectiva histórica para destacar a sua origem. A argumentação da universalidade e autoridade da Doutrina Espírita é colocada na *Introdução* para que o leitor dê crédito às informações que receberá, reconhecendo-as como emanadas de fonte fidedigna.

7.3 PREMISSAS

Antes de colocarmos as regras de bem proceder, apresentamos as premissas em que se assentam:

Não vim destruir a Lei

Neste capítulo é apresentada a evolução do pensamento religioso, por meio das três revelações, nas quais fica evidente o processo evolutivo do homem ao se relacionar com Deus, com seu semelhante e consigo.

Meu reino não é deste mundo

Destaca a questão da vida espiritual como a verdadeira destinação dos homens.

Há muitas moradas na casa de meu Pai

A pluralidade dos mundos habitados e suas características, evidenciando que tudo evolui no universo.

Ninguém poderá ver o reino de Deus se não nascer de novo

A reencarnação como essencial ao processo evolutivo.

Esse agrupamento, que denominamos *premissas*, destaca o progresso, a espiritualidade, a pluralidade dos mundos habitados, e a reencarnação, pois tudo é expressão do Amor de Deus.

7.4 COMO ESTAMOS?

Bem-aventurados os aflitos

No capítulo III, já havia sido informado que vivemos em um mundo de expiação e provas, onde há sofrimento e aflições, os quais, entretanto, podem dar ensejo a transformação moral. Para que possamos compreender o porquê dos sofrimentos, Kardec discorre sobre sua justiça, suas causas atuais e anteriores, bem como sobre o esquecimento do passado. Temas como *suicídio e loucura, perda de pessoas amadas, mortes prematuras, melancolia, aborto e eutanásia, provas voluntárias, a felicidade não é deste mundo, ignorar o sofrimento do próximo* são esclarecidos à luz da revelação dos Espíritos. Assim, apresentadas as causas de nossos sofrimentos, podemos perceber os motivos de resignação que nos levam a bem sofrer provando nossa fé e valorizando a vida espiritual. É nesse panorama que o *ser* começa a cogitar do caminho para a nova realidade que se apresenta no capítulo seguinte.

7.5 COMO PODEMOS PROCEDER?

O Cristo consolador

Só a vivência da ética cristã será capaz de transformar nosso planeta em mundo de regeneração, e ela compreende: amar e instruir-se, com respeito as leis morais, ter fé inabalável no futuro e praticar a caridade. Para tanto, há um ideal a atingir que é apresentado nas bem-aventuranças.

7.6 IDEAL A ATINGIR

Uma doutrina de transformação aponta metas e estas estão contidas nos capítulos VII a XVII. A última meta, a perfeição moral, será atingida quando adquirirmos todas as anteriores: humildade, simplicidade, paciência, doçura, misericórdia, amor incondicional, retribuição do mal com o bem, piedade, distinção entre parentela material e espiritual, caridade, fidelidade às leis de Deus.

7.7 NOSSAS DIFICULDADES

Como todas as demais, as transformações morais também se deparam com dificuldades, as quais estão apresentadas nos capítulos XVII a XXIV. São elas: não aceitação das expiações e provas, relações familiares difíceis, estender os laços familiares a toda a humanidade, preguiça e má vontade, fé vacilante, presunção, orgulho, vaidade, dar testemunho de nossa adesão ao Cristianismo, crendice, obsessão e fascinação.

7.8 NOSSA DIRETRIZ

Tendo apontado as dificuldades, o bom educador indica-nos o caminho a seguir, exposto nos capítulos XXV, XXVI, XXVII, nos quais somos exortados a confiar agindo, desapegar-nos dos bens materiais, exercer a mediunidade à luz dos princípios do Espiritismo com Jesus, trabalhar voluntariamente em favor do bem, cultivar o hábito da prece, por si e pelos necessitados, e vigiar o pensamento.

Fica aqui esta tentativa da compreensão da lógica que poderia ter sido usada para compor a sequência dos capítulos de *O evangelho segundo o espiritismo*. O que realmente importa, entretanto, é que a moral cristã, tal como apresentada, é a única forma possível de favorecer a transformação moral dos indivíduos e povos, como nos esclarece Joanna de Ângelis: "Quando o Evangelho tornar-se o estatuto seguro e indiscutível para as nações, os homens estarão aptos a adentrar o pórtico da nova era" (FRANCO, 1979, p. 7 a 10).

REFERÊNCIAS

FRANCO, Divaldo Pereira. *Após a tempestade*. Pelo Espírito Joanna de Ângelis. 4. ed. Salvador: Leal, 1999.

KARDEC, Allan. *Revista espírita*: jornal de estudos psicológicos. ano 7, n. 4, abr. 1864, Tradução de Evandro Noleto Bezerra. 3. ed. 1. reimp. Rio de Janeiro: FEB, 2009a.

_____. _____. Tradução de Evandro Noleto Bezerra. 3. ed. 1. reimp. Rio de Janeiro: FEB: 2009b.

CAPÍTULO 8

*

A CONTRIBUIÇÃO DE EMMANUEL PARA O ESTUDO DO NOVO TESTAMENTO

Saulo César Ribeiro da Silva

O Novo Testamento tem sido, ao longo dos séculos, objeto de incontáveis esforços para interpretá-lo e compreendê-lo. Nenhum outro conjunto de escritos recebeu maior atenção de estudiosos e leigos, de eruditos e praticantes do que esse compêndio de 27 volumes que reúne os ensinos e exemplos de Jesus e de seus primeiros seguidores.

As abordagens adotadas, contudo, variam enormemente, passando da crítica histórica ou textual ao cientificismo, chegando aos aforismos ingênuos que intentam verter o conteúdo do Evangelho no cálice exíguo dos interesses particularistas. Frequentemente, os resultados apresentam-se estanques, ora privilegiando aspectos linguísticos, ora históricos, outras vezes culturais, nem sempre conseguindo evitar o intelectualismo estéril ou os ajustes artificiais, que não oferecem os frutos de entendimento e orientações práticas para homens e mulheres em suas vivências cotidianas e privam a mensagem da raiz que lhe dá sustento e legitimidade.

Interpretar o Novo Testamento, resgatando seus aspectos históricos, culturais, linguísticos e articulá-los com a atualidade é não só um desafio, mas uma necessidade. Esse foi o grande trabalho que Emmanuel realizou por meio de suas obras trazidas pela mediunidade de Francisco Cândido Xavier. Com ele, o Evangelho deixa os limites do texto e ressurge na vida, que é o *locus* primordial de sua concretização.

A contribuição de Emmanuel pode ser dividida em dois grupos distintos, mas complementares. O primeiro são os seus romances históricos e o segundo seus comentários a versículos do Novo Testamento.

8.1 OS ROMANCES HISTÓRICOS

Emmanuel é autor de cinco romances históricos,[7] que trazem um conteúdo de inestimável valor para o entendimento dos primeiros movimentos da Boa-Nova. Em todos eles, a narrativa se desenvolve a partir da ótica de personagens que vivenciaram momentos específicos do cristianismo, desde os seus primórdios até os complexos meandros da idade média. A importância, para o autor, da concatenação de aspectos históricos, linguísticos e culturais com a vivência, é demonstrada já no primeiro romance. Nesse livro, Emmanuel traz a sua própria experiência, como o senador Publius Lentulus, o qual teve contato direto com Jesus e esteve envolvido no episódio do julgamento, pelos representantes de Roma, que culminou na Sua crucificação.

Em todos esses romances podemos encontrar, sob a sutileza da narração, detalhes que vão compondo um quadro vivo daqueles primeiros dias. Elementos que podem passar despercebidos, como o relato de um jovem escravo com os pés descalços levemente untados de gesso" (XAVIER, 2013a, cap. 2, p. 39), ou "as brisas perfumadas, que sopravam de longe"(XAVIER, 2012, cap. 1, p. 13), são mais do que recursos narrativos de que se serve o autor. Quando tomados em seu conjunto, organizados e analisados, eles se mostram como definidores de costumes, datas e contextos, que vão sendo apresentados para reconstruir a época dos relatos, sempre vinculados aos sentimentos, pensamentos e ações das personagens que participaram de cada evento.

---

[7] Nota do autor: *Há 2000 anos* (1939); *Cinquenta anos depois* (1940); *Ave, Cristo!* (1941); *Paulo e Estêvão* (1942) e *Renúncia* (1944).

Desses romances históricos, o mais abrangente para a perspectiva do estudo e interpretação do Novo Testamento é o livro *Paulo e Estêvão*. Nesta obra, o autor espiritual recompõe as circunstâncias e a história que deram origem ao texto *Atos dos apóstolos*. Informações que complementam, explicam e contextualizam o texto bíblico são apresentadas, às vezes, em minúcias,[8] possibilitando aos leitores modernos o contato com o ambiente da época, tornando possível, assim, uma adequada transposição do conteúdo desses textos, e de muitas cartas de Paulo, para os nossos dias, livre do dogmatismo e de teologias sectárias.

8.2 OS COMENTÁRIOS AOS VERSÍCULOS

Ao longo de 39 anos, Emmanuel selecionou, comentou e explicou mais de 1.000 versículos do Novo Testamento. Esses comentários estão distribuídos em livros e artigos das revistas *Reformador* e *Brasil Espírita*, e compreendem um dos mais extraordinários conjuntos de interpretações já feitos sobre o Novo Testamento. Talvez pela forma como se acham distribuídos, nem sempre se apreende a grandiosidade dessa obra.

A seleção dos versículos não ocorreu de maneira aleatória. Em alguns casos, ela representa uma indicação de pontos chaves do texto e da mensagem do Evangelho. Alguns exemplos podem ilustrar esse fato:

a) No primeiro artigo publicado na revista *Reformador*,[9] em que Emmanuel aborda versículos bíblicos, são concatenados de maneira destacada um versículo do Velho Testamento: "Ainda que ele me mate, nele esperarei; contudo os meus caminhos defenderei diante dele." (Jó, 13:15) e um do Novo Testamento: "Eu e o Pai somos

---

8 O episódio de Paulo cortando o cabelo no porto de Cencreia e a relação entre Estêvão e o apóstolo dos gentios são alguns dos exemplos do trabalho de reconstrução histórica feito nesta obra.
9 Novembro de 1940.

um." (JOÃO, 10:30) dentro da temática "comungar com Deus" que dá título ao artigo. Isso demonstra que a perspectiva que o autor adota desde o começo é de continuidade entre as revelações: Moisés, Cristo e Espiritismo, que inicia pela fidelidade no cumprimento da lei e prossegue até a comunhão plena exemplificada pelo Cristo.

b) Autores modernos, como Erich Mauerhofer e David Gysel, consideram o versículo 8 do primeiro capítulo de *Atos dos apóstolos* o versículo chave desse texto, por expressar a atuação do Espírito Santo sobre aqueles que seriam as testemunhas do Cristo até os confins da Terra (MAUERHOFER; GYSEL, 2010). O primeiro versículo de *Atos* que Emmanuel comenta é precisamente At. 1:8 e o título do comentário é *Como testemunhar*.

c) A mensagem de "amar a Deus sobre todas as coisas e ao próximo como a si mesmo" não representa uma inovação trazida por Jesus. Esses ensinos já estão presentes no Velho Testamento (DEUTERONÔMIO, 6:5 e Levítico. 19:18). Em *Mateus*, 22:34 a 40, Ele mesmo teria respondido ao doutor da lei que, em síntese, esse é o maior mandamento. E, segundo Lucas, na *parábola do bom samaritano*, é um doutor da lei que resume esses dois mandamentos, quando indagado (LUCAS, 10:25-27). O avanço trazido pelo Cristo é o amor aos inimigos (MATEUS, 5:44). Esse é o versículo que recebe o maior número de comentários de Emmanuel, totalizando 21 ao todo, abordando diversos aspectos como: motivos para amar os inimigos; como amar os inimigos, consequências do amor aos inimigos etc.

Outro aspecto relevante da contribuição de Emmanuel para o estudo e interpretação do Novo Testamento é demonstrar que um único versículo pode apresentar diversas perspectivas, não havendo nenhuma delas de particular preponderância sobre as demais, uma vez que cada uma ajusta-se a determinado contexto da vida, como ele mesmo afirma: "no imenso conjunto de ensinamentos da Boa-Nova, cada conceito do

Cristo ou de seus colaboradores diretos adapta-se a determinada situação do Espírito, nas estradas da vida" (XAVIER, 2005, p. 14).

Além de *Mateus*, 5:44, que é o caso mais extremo pelas razões acima expostas, diversos versículos receberam mais de um comentário, cada qual destacando um aspecto e relacionando-o com elementos da vida diária.[10]

A linguagem também mereceu cuidadoso estudo de Emmanuel. As traduções da *Bíblia* disponíveis em língua portuguesa, durante a maior parte do tempo em que os comentários foram elaborados, nem sempre conseguiam expressar o sentido completo de uma palavra ou expressão. Quando isso ocorre, sutilmente Emmanuel reinsere, em seu comentário, os aspectos que estão ausentes da tradução, mas, presentes nos manuscritos mais antigos. Em *Romanos* 1:17, por exemplo, Paulo de Tarso afirma "O justo viverá pela fé". O sentido da palavra fé em nosso idioma privilegia a crença. A palavra grega πίστις (*pístis*) que figura nos manuscritos gregos, entretanto, possui significação mais ampla, envolvendo também o aspecto da fidelidade e constância. Comentando esse versículo, o autor esclarece "Paulo de Tarso queria dizer que o justo será sempre fiel, viverá de modo invariável, na verdadeira fidelidade ao Pai que está nos céus" (XAVIER, 2005, p. 61).

A tradução da *Bíblia* em língua portuguesa mais difundida na década de 60[11] traduziu a palavra grega ὑπομονῇ (*upomoné*) como paciência em *Lucas*, 21:19 que em nosso idioma denota com mais frequência a espera resignada e confiante. O sentido do termo grego, contudo, é mais amplo, compreendendo a ação persistente objetivando alcançar um determinado fim. Em linguagem atual a palavra "perseverança" informa melhor o sentido do termo grego. Quando comenta esse versículo, Emmanuel afirma "Paciência, sobretudo, é a capacidade

---

10 Exemplos são Mateus, 22:14: cinco comentários; Mateus, 5:3: seis comentários; Romanos, 12:2: cinco comentários; Marcos, 10:14: três comentários, entre outros.
11 Bíblia de João Ferreira de Almeida.

de verificar a dificuldade ou o desacerto nas engrenagens do cotidiano, buscando a solução do problema ou a transposição do obstáculo, sem toques de alarde e sem farpas de irritação." (XAVIER, 1998, p. 357). Emmanuel não retira a palavra "paciência" de seu comentário, mas, o sentido que lhe imprime é distinto do seu uso comum e se aproxima muito mais do termo "perseverança". As traduções mais modernas já trazem "perseverança" no lugar de "paciência".

Digno de nota é a observação da benfeitora Joanna de Ângelis quando se refere aos comentários de Emmanuel: "Dispondo dos originais que se encontram na Espiritualidade superior, Emmanuel legou a posteridade este inimaginável contributo de luz e de sabedoria".[12]

As estruturas de argumentação são cuidadosamente elaboradas. Algumas delas resgatando antigas técnicas de interpretação rabínica como a *harizah* ou colar [de pérolas], em que versículos de diversas partes aparentemente desconectadas são reunidos dando um sentido novo ao ensino (DIAS, 2013). Um exemplo desse uso é o comentário "Palavras de Jesus".[13] A forma da poesia hebraica, que embora conheça a rima, vale-se mais frequentemente do sentido das palavras para a construção de quiasmas ou paralelismos, também está muito presente nos textos de Emmanuel. Um exemplo dessa estrutura está no capítulo referente a Mateus, 4:4 intitulado "Não somente" (XAVIER, 2010, p. 53).

Os aspectos culturais também são observados e explicados. Tratando de escribas e fariseus, por exemplo, Emmanuel informa:

> Os escribas e fariseus não eram criminosos, nem inimigos da humanidade. Cumpriam deveres públicos e privados. Respeitavam as leis estabelecidas. Reverenciavam a Revelação divina. Atendiam aos preceitos da fé. Jejuavam. Pagavam impostos.

---
12 *O evangelho por Emmanuel, Apresentação.*
13 *Reformador*, mar. 1964, p. 57. Publicado também em *Livro da esperança*. Ed. Comunhão Espírita Cristã. Cap. 84, com pequenas alterações.

Não exploravam o povo. Naturalmente, em casa, deviam ser excelentes mordomos do conforto familiar. Entretanto, para o Emissário celeste, a justiça deles deixava a desejar (XAVIER, 2013b, cap. 161).

Contudo, é na confluência para o cotidiano que encontramos o traço mais marcante dos comentários de Emmanuel. Cada comentário demonstra que a essência da Boa-Nova não é temporal e aplica-se a todas as circunstâncias da vida. Nesse ponto, ele prossegue o trabalho iniciado por Allan Kardec, quando este estabelece os objetivos para a elaboração de *O evangelho segundo o espiritismo*:

> O essencial era pô-lo [o ensino de Jesus] ao alcance de todos, mediante a explicação das passagens obscuras e o desdobramento de todas as consequências, tendo em vista a aplicação dos ensinos a todas as condições da vida. Foi isso o que tentamos fazer, com a ajuda dos bons Espíritos que nos assistem (KARDEC, 2013, Int.).

Esse era também o método de ensino de muitas escolas rabínicas do primeiro século. Nelas, o discípulo era convidado pelo seu mestre a percorrer estradas, praças e caminhos, observando pessoas e situações, articulando-as com o que a lei revelada trazia. Toda interpretação que não resultasse em uma aplicação prática era incompleta, tanto quanto toda prática que não fosse compreendida a luz do ensino da lei poderia converter-se em equívoco pela falta de reflexão que lhe conferisse sentido.

Encontramos essa mesma perspectiva quando vemos Jesus construindo suas imortais parábolas com os elementos mais comuns da vida dos que o ouviam: o pescador que lança sua rede, o joio crescendo junto do trigo, o semeador lançando a semente, a mulher buscando a dracma perdida, o pai atendendo ao pedido inconsequente do filho, a ovelha desgarrada, as crianças brincando e vindo ao Seu encontro na praça, os ramos tenros da figueira, entre muitos outros. O Cristo, contudo, não se restringiu ao ensino, Ele converteu a própria vida no mais sublime exemplo de cumprimento e prática de amor e sabedoria, de justiça e misericórdia, legando-nos o caminho pelo qual poderemos alcançar a plenitude da existência.

O trabalho de Emmanuel se revela em toda a sua extraordinária força neste ponto. Ao concatenar história, cultura e linguagem da época, presentes nos textos do Novo Testamento, com os elementos do nosso cotidiano, ele permanece fiel ao trabalho de Kardec e de Jesus, demonstrando que o Evangelho é Deus conosco agindo e interagido por meio de nossas mãos, pensamentos e sentimentos na construção de um mundo melhor, simbolizado pelo reino dos Céus que se desenvolverá, primeiramente, portas adentro de nossos corações e consciências.

REFERÊNCIAS

DIAS, Haroldo Dutra. *O colar de pérolas* (artigo). Disponível em: <http://www.sistemas.febnet.org.br/reformadoronline/pagina/?id=365>. Acesso em: 05 dez. 2013.

KARDEC, Allan. *O evangelho segundo o espiritismo*. Tradução de Guillon Ribeiro. 131. ed. (edição histórica). Brasília: FEB, 2013.

MOUERHOFER, Erich; GYSEL, David. *Uma introdução aos escritos do novo testamento*. São Paulo: Vida, 2010.

XAVIER, Francisco Cândido. *Caminho, verdade e vida*. Pelo Espírito Emmanuel. 1. ed. especial. Rio de Janeiro: FEB, 2005.

_____. *Fonte viva*. Pelo Espírito Emmanuel. 1. ed. esp. 2. reimp. Rio de Janeiro: FEB, 2010.

_____. *Há dois mil anos*. Pelo Espírito Emmanuel. 49. ed. Brasília: FEB, 2013a.

_____. *Palavras de vida eterna*. Pelo Espírito Emmanuel. 15. ed. São Paulo: CEC, 1998.

_____. *Paulo e Estêvão*. Pelo Espírito Emmanuel. Brasília: FEB, 2012.

_____. *Vinha de luz*. Pelo Espírito Emmanuel. Brasília: FEB, 2013b.

CAPÍTULO 9

*

DIRETRIZES PARA O ESTUDO INTERPRETATIVO DO EVANGELHO

Angélica Maia

Jesus é o Caminho, a Verdade e a Vida. Sua luz imperecível brilha sobre os milênios terrestres, como o verbo do princípio, penetrando o mundo, há quase vinte séculos (XAVIER, 2005, p. 13).

O Estudo Interpretativo do Evangelho é um roteiro para o estudo do Novo Testamento à luz da Doutrina Espírita. Por meio desse roteiro, cada versículo do Novo Testamento é analisado, minuciosamente, para extrair da letra a mensagem sublime de Jesus, possibilitando, de forma efetiva e sincera, a transformação de nós mesmos. Há muito o que aprender nos meandros e entremeios das palavras de nosso Mestre e, por meio da Doutrina Espírita isso é possível, pois "Jesus, a porta. Kardec, a chave" (XAVIER; VIEIRA, 1973, p. 25).

9.1 A REUNIÃO

O grupo de estudo ou curso é semanal e deve ter um dirigente que coordene os trabalhos. Este deve ser uma pessoa com maior experiência doutrinário-evangélica. A reunião tem duração de uma a uma e meia hora e, iniciando e terminando com uma prece.

9.2 COMO ESTUDAR?

Para desenvolver o roteiro alguns pontos devem ser considerados:

a) É preciso estar atento para a necessidade do estudo do Espiritismo, principalmente de seus princípios fundamentais.[14] O estudo propõe entender o Novo Testamento à luz da Doutrina Espírita, sendo, portanto, imprescindível que ela seja a chave para o trabalho.

b) Lembrar que o Evangelho é uma norma de conduta para cada um de nós. O estudo visa ampliar conhecimentos sobre o Evangelho de Jesus para que possamos processar transformações em nós, a se refletirem em nossa vida e na convivência com as pessoas. Ele deve nos permitir reviver o Cristianismo em sua origem. É, antes de tudo, um trabalho que visa à renovação íntima de cada um. É buscar no Mestre as ferramentas para nossa mudança interior.

9.3 DIRETRIZES

Primeiramente será selecionada uma passagem ou um versículo do Novo Testamento. A seleção pode ser por sugestão do dirigente ou por escolha dos participantes, segundo o interesse do grupo e de suas necessidades espirituais. A escolha é arbitrária. Isso significa que o grupo pode iniciar o estudo em qualquer parte do Novo Testamento. Não é preciso seguir uma ordem cronológica. Ao esgotar-se o estudo de um texto, procede-se a nova escolha. A essência do trabalho é permitir que o aprendiz do Novo Testamento utilize a Doutrina Espírita como chave, para extrair a letra, a mensagem de Jesus. Do contrário, poderemos nos

---

14 Nota dos organizadores: Como os *15 Princípios da Doutrina Espírita*: Deus; Jesus; Espírito; Perispírito; Evolução; Livre-Arbítrio; Causa e Efeito; Reencarnação; Pluralidade dos mundos habitados; Imortalidade da alma; Vida futura; Plano Espiritual; Mediunidade; Influência dos Espíritos em nossas vidas; e Ação dos Espíritos na Natureza.

tornar excelentes conhecedores da *Bíblia*, mas totalmente desconhecedores do Cristo.

Ao selecionar o trecho para estudo, tenta-se extrair dele:

a) *sentido geral* — analisar o registro literal do trecho selecionado, bem como situá-lo no contexto histórico-geográfico em que está inserido. Pode-se usar um dicionário da língua portuguesa para entender o sentido exato das palavras. Algumas palavras e expressões são típicas da cultura e da época em que Jesus vivia. Neste caso, deve-se utilizar um dicionário bíblico, que contenha verbetes e expressões bíblicas, seu significado e importância no tempo de Jesus.

b) *sentido particular* — para que se entenda a mensagem de Jesus, é preciso estar atento aos detalhes. Muitas vezes informações importantes nos passam despercebidas porque não selecionamos frases ou palavras para uma análise mais minuciosa. Ao selecionarmos o estudo de um versículo devemos separar seu conteúdo em expressões. Não há uma regra única para a separação das expressões. De um modo geral, as frases gramaticais constituem as expressões mais gerais. Partes de frases podem constituir expressões menores. Uma dada expressão pode conter muita informação e, por isso, muitas vezes a análise de uma única palavra pode ser enriquecedora. Devemos, então, analisar as expressões e destacar, posteriormente, palavras isoladas que identifiquem aspectos como: personagens, lugar, ambiente, época, tempo, atitudes e gestos, ação, etc.

Um exemplo: "Ele dizia a todos: Se alguém quer vir após mim, negue a si mesmo, tome a sua cruz a cada dia, e siga-me" (Lucas, 9:23, apud DIAS, 2013, p. 299).

Expressões gerais: Ele dizia a todos:

Se alguém quer vir após mim,

negue a si mesmo,

tome a sua cruz a cada dia,

e siga-me

Expressões menores: Se alguém quer; vir após mim; e tome a cada dia; a sua cruz.

Palavras isoladas: ação (verbos) — dizia, quer, vir, negue-se, tome, siga-me.

Atitudes e gestos — a todos, após mim, a si mesmo.

Tempo — cada dia.

Passa-se, então, a refletir sobre cada um dos itens mencionados — valendo-se das obras da Codificação Kardequiana, de Emmanuel,[15] Humberto de Campos/Irmão X, Neio Lúcio, etc.

c) Tentar retirar de cada versículo os princípios fundamentais da Doutrina Espírita nele contidos.

d) É importante utilizar sempre "por quê?"

---

15 Nota dos organizadores: Veja, por exemplo, a listagem dos comentários feitos por Emmanuel — no capítulo 12 deste volume —, acerca do conteúdo de alguns dos versículos — do Novo Testamento — presentes em *O evangelho segundo o espiritismo*.

9.4 CONSIDERAÇÕES GERAIS

a) Nesse trabalho, as pessoas têm que se sentir entre amigos, em excelente oportunidade de exercitarem seus conhecimentos num ambiente de fraternidade, descontração e confiança, sentindo-se à vontade para falar. Como se trata de uma busca de exercício de transformação interna, no qual pode ser benéfico tanto o silêncio quanto a liberdade de se expor, o grupo não deve ser muito numeroso.

b) O grupo que se dispõe ao estudo do Evangelho deve ter cuidado para não se tornar um grupo de elite dentro da casa espírita. Se o interesse for muito grande, formar novos grupos, oferecendo esta oportunidade a todos que se interessarem.

c) Ao final de cada estudo, é interessante — visto que o Evangelho consiste em instrumento divino de renovação íntima e iluminação espiritual — que cada participante faça uma avaliação, em silêncio, utilizando as seguintes perguntas:

— *Que Jesus me disse hoje?*

— *O quanto eu ouvi de Jesus hoje?*

— *O quanto eu mudei hoje?*

d) Material utilizado: *Bíblia sagrada*, obras da Codificação, obras de Emmanuel, Humberto de Campos/Irmão X, Neio Lúcio, etc.

Obras adicionais: dicionário bíblico, dicionário da língua portuguesa, livros sobre a história de Jesus e de sua época, concordância bíblica, atlas bíblico, etc.

"Instituamos cursos de estudo do Evangelho de Jesus e da obra de Allan Kardec em nossas organizações, preparando o futuro." (XAVIER, 2008, p. 263).

REFERÊNCIAS

O NOVO Testamento. Tradução, introdução e notas: Haroldo Dutra Dias. Brasília: FEB, 2013.

XAVIER, Francisco Cândido. *Caminho, verdade e vida.* Pelo Espírito Emmanuel. 1. ed. esp. Rio de Janeiro: FEB, 2005.

_____. *Religião dos espíritos.* Pelo Espírito Emmanuel. 21. ed. Rio de Janeiro: FEB, 2008.

_____; VIEIRA, Waldo. *Opinião espírita.* 4. ed. Pelo Espírito Emmanuel. Uberaba: CEC, 1973.

CAPÍTULO 10

*

BEM-AVENTURADOS: ASPECTOS DE UMA INTERPRETAÇÃO

Flávio Rey de Carvalho

Entre as passagens evangélicas mais memoráveis, estão as bem-aventuranças, proferidas por Jesus durante o Sermão do Monte:

> Bem-aventurados os pobres em espírito [...]. Bem-aventurados os aflitos [...]. Bem-aventurados os mansos [...]. Bem-aventurados os que têm fome e sede de justiça [...]. Bem-aventurados os misericordiosos [...]. Bem-aventurados os limpos de coração [...]. Bem-aventurados os pacificadores [...]. Bem-aventurados os perseguidos por causa da justiça [...]. Bem-aventurados sois vós, quando vos injuriarem e perseguirem, e mentindo disserem todo o mal contra vós, por causa de mim (MATEUS, 5:3 a 11, O NOVO testamento, 2013, p. 49).

Esses ensinamentos e os demais que integram o referido sermão não consistem em compêndio de regras formais (a semelhança de conjunto de leis civis exteriores), mas na essência de um novo padrão de conduta pautado pela modificação — a ser dinamizada de dentro para fora — dos sentimentos, da mentalidade e, consequentemente, das atitudes das pessoas. Tais assuntos são parte do ensino moral legado por Jesus, cujos princípios consistem no "objeto exclusivo" de *O evangelho segundo o espiritismo* (KARDEC, 2013, p. 17). Na obra, há cinco capítulos dedicados às bem-aventuranças: *Bem-aventurados os aflitos*; *Bem-aventurados os pobres de espírito*; *Bem-aventurados os que têm puro o coração*; *Bem-aventurados os que são brandos e pacíficos*; e *Bem-aventurados os que são misericordiosos* (KARDEC, 2013, cap. V, VII, VIII , IX e X).

Os *bem-aventurados* são comumente definidos, do ponto de vista literal, como "felizes" ou "muito felizes", "alegres", "merecedores das graças divinas", etc.[16] Quando emoldurados pelo contexto das dificuldades terrenas — manifestas em aflições, sofrimentos, perseguições, etc. —, tais significados (e, por conseguinte, os ensinamentos a eles associados) podem soar um pouco contraditórios. Todavia, conforme ponderou Allan Kardec, os ensinos morais do Cristo consistem em

> uma regra de proceder que abrange todas as circunstâncias da vida privada e da vida pública, o princípio básico de todas as relações que se fundam na mais rigorosa justiça. É, finalmente e acima de tudo, o roteiro infalível para a *felicidade vindoura* (KARDEC, 2013, p. 17, grifo nosso).

Segundo o codificador, é a "dúvida quanto ao futuro" que leva o homem "a procurar suas alegrias neste mundo, satisfazendo as suas paixões, ainda que a custa de seu próximo" (KARDEC, 2006, p. 52). Por isso, convém considerar o conjunto de dificuldades, associado por Jesus aos *bem-aventurados*, não sob o ângulo circunstancial e efêmero da vida física, mas sob o ponto de vista dilatado e pleno da imortalidade da alma. Sob esse viés, as "aflições terrenas", conforme explicou Kardec, transformam-se nos "remédios da alma", pois "Salvam-na para o futuro, como dolorosa operação cirúrgica salva a vida de um doente e lhe restitui a saúde" (KARDEC, 2006, p. 52).

---

16 Nota do autor: BOYLER, Orlando. Pequena enciclopédia bíblica. 8. ed. São Paulo: Vida, 2011, p. 110. Verbete *bem-aventuranças*; FERREIRA, Aurélio Buarque de Holanda. *Novo Aurélio século XXI*: dicionário da Língua Portuguesa. 3. ed. Rio de Janeiro: Nova Fronteira, 1999, p. 287 (verbete *bem-aventurado*); HOUAISS, Antônio; Villar, Mauro de Salles. *Minidicionário Houaiss da Língua Portuguesa*. Rio de Janeiro: Objetiva, 2003, p. 68 (verbete *bem-aventurado*). Em algumas traduções da *Bíblia*, é empregada a palavra *felizes* em lugar de *bem-aventurados*. *Cf.* BÍBLIA: tradução ecumênica (TEB). São Paulo: Loyola, 1994, p. 1863; *BÍBLIA de Jerusalém*. Nova ed. rev. e ampliada. São Paulo: Paulus, 2011, p. 1710-11; *Bíblia do peregrino*. 3. ed. São Paulo: Paulus, 2011, p. 2326.

Articulado ao princípio da imortalidade da alma está, por conseguinte, o da reencarnação, que é a chave para se compreender a expressão *bem-aventurados*, pois confere a noção dinâmica de *processo* ao seu significado. Para matizar esse ponto de vista, analisam-se, separadamente, as palavras *bem* e *aventurado*: a primeira, em termos lógicos, pode ser entendida, antiteticamente, como o *oposto de mal* — aqui identificado, em sua expressão máxima, com a Lei de Amor; já a segunda dá-nos a ideia de *ventura* e, desdobradamente, de *destino*. Sob essa perspectiva, os *bem-aventurados* poderiam ser encarados como Espíritos *destinados ao bem*, pois as *bem-aventuranças*, proferidas por Jesus no *Sermão do Monte*, não tinham um caráter presentista, mas, conforme interpretou Humberto de Campos, "[...] pareciam dirigidas ao incomensurável futuro humano" (XAVIER, 2013a, p. 75 a 76).

Nesse sentido, um Espírito estará *destinado ao bem*, tornando-se um bem-aventurado, quando adquirir certo grau de amadurecimento e responsabilidade frente ao uso de seu livre-arbítrio. Esse processo de conscientização, associado aos princípios regeneradores da Lei de Causa e Efeito, faculta ao Espírito — mediante a experimentação de provas e expiações reencarnatórias — harmonizar-se, paulatinamente, a supracitada Lei de Amor, que é a força que rege e equilibra o universo. Sobre o assunto, Emmanuel esclareceu:

> Enquanto a criatura não *adquire consciência* da própria responsabilidade, movimenta-se no mundo a feição de semirracional, amontoando problemas sobre a própria cabeça. Entretanto, acordando para a necessidade da paz consigo mesma, descobre de imediato a cruz que lhe cabe ao próprio burilamento. Encarnados e desencarnados, jungidos a Terra, vinculam-se todos ao mesmo *impositivo de progresso e resgate* (XAVIER, 2010, cap. 74, p. 165- 166, grifo nosso).

Sob esse viés, o panorama de felicidade, comumente associado aos *bem-aventurados*, adquire matização e perspectiva, pois, segundo Emmanuel:

Tal como sonhada pelo homem do mundo [...] a felicidade não pode existir, por enquanto, na face do orbe [...]. Contudo, importa observar que é no globo terrestre que a criatura edifica as bases da sua *ventura real*, pelo trabalho e pelo sacrifício, a caminho das mais sublimes aquisições para o mundo divino de sua consciência (XAVIER, 2013b, p. 164, q. 240, grifo nosso).

Por isso, os *bem-aventurados* (assim como as *bem-aventuranças*) são indissociáveis da noção de *processo* — aberto ao infinito —, no qual cada Espírito delineia a sua trajetória evolutiva mediante a modificação gradual — dinamizada de dentro para fora — dos seus sentimentos, da sua mentalidade e, consequentemente, das suas atitudes, afinando-os cada vez mais aos princípios da Lei de Amor contidos no Evangelho. Assim, em termos essenciais, os bem-aventurados seriam aqueles Espíritos, encarnados ou desencarnados, que, adquirindo consciência da própria responsabilidade, "[...] abandonam as ilusões do mundo para se elevarem a Deus" (XAVIER, 2013a, p. 76) — conforme sintetizou Humberto de Campos. Portanto, segundo consideração feita por Emmanuel: "Esse ou aquele homem serão bem-aventurados por haverem edificado o bem [...], por encontrarem alegria na simplicidade e na paz, por saberem guardar no coração longa e divina esperança" (XAVIER, 2012, p. 191, cap. 89).

REFERÊNCIAS

KARDEC, Allan. *O evangelho segundo o espiritismo*. Tradução de Guillon Ribeiro. 131. ed. hist.. Brasília: FEB, 2013.

_____. *O espiritismo na sua expressão mais simples e outros opúsculos de Kardec*: exposição sumária do ensino dos espíritos e de suas manifestações. Rio de Janeiro: FEB, 2006.

O NOVO Testamento. Tradução, introdução e notas: Haroldo Dutra Dias. Brasília: FEB, 2013.

XAVIER, Francisco Cândido. *Boa nova*. Pelo Espírito Humberto de Campos. 36. ed. 7. imp. Brasília: FEB, 2013a.

_____. *O consolador*. Pelo Espírito Emmanuel. 29. ed. Brasília: FEB, 2013b.

_____. *Palavras de vida eterna*. Pelo Espírito Emmanuel. Uberaba: CEC, 2010.

_____. *Pão nosso*. Pelo Espírito Emmanuel. Brasília: FEB, 2012.

CAPÍTULO 11

*

ESTUDO DE *O EVANGELHO SEGUNDO O ESPIRITISMO:* RELATO DE UMA EXPERIÊNCIA

Célia Maria Rey de Carvalho

Em 2012, iniciou-se na sede da Federação Espírita Brasileira (FEB), em Brasília, o "Estudo de *O evangelho segundo o espiritismo*". Nele, são analisadas algumas das passagens evangélicas que foram selecionadas por Allan Kardec em *O evangelho segundo o espiritismo*. É com o objetivo de compartilhar alguns aspectos dessa vivência, experimentada no âmbito da FEB, que o presente texto foi escrito.

11.1 CRIAÇÃO DO ESTUDO

A criação do "Estudo de *O evangelho segundo o espiritismo*" foi aprovada pelo Conselho Diretor e pela Diretoria Executiva da FEB, no final de 2011. O curso, com a duração de um ano letivo, visa a estimular os participantes a pesquisarem — em bíblias de estudo (que apresentam referências bíblicas e notas explicativas); em dicionários, concordância e atlas bíblicos; nas obras básicas da Codificação Espírita e em algumas obras subsidiárias (como os livros de Emmanuel, Humberto de Campos/Irmão X, Neio Lúcio, Amélia Rodrigues, entre outros) — um caminho para o melhor entendimento e compreensão do contexto (histórico-cultural) que envolve os ensinamentos de Jesus, agora, aclarados com as luzes da Doutrina Espírita. Em 2012, abriu-se a primeira turma, com funcionamento as quartas-feiras à noite, com 1 hora e 30 minutos de duração da reunião. Em 2013, manteve-se a turma da quarta-feira à noite e formou-se, paralelamente, outra turma aos domingos pela manhã, também com 1 hora e 30 minutos de duração.

11.2 OPERACIONALIZAÇÃO DO ESTUDO

A operacionalização do estudo é feita por um conjunto de facilitadores previamente preparados em encontros de capacitação, geralmente realizados no início de cada ano letivo e também durante o desenvolvimento do estudo. A sistemática dos facilitadores assistirem aos estudos possibilita essa capacitação permanente. Cada um dos facilitadores fica responsável por conduzir um ou mais estudos ao longo do ano, sendo prevista a ocorrência de um rodízio entre os mesmos, atendendo a uma escala, previamente definida. Vinculada à proposta de preparo de facilitadores, há também, a de formação de multiplicadores, isto é, a habilitação de pessoas que possam atuar na condução de oficinas e seminários, com o fim de se divulgar o "Estudo de *O evangelho segundo o espiritismo*", estimulando a criação e a multiplicação de grupos, no meio espírita brasileiro, alinhados à proposta de se estudar os ensinos da Boa-Nova à luz da Doutrina Espírita.

11.3 ESTRUTURA DO ESTUDO

Está estruturado em 34 encontros, sendo três com temas introdutórios; 28 reuniões, cada uma abordando um dos 28 capítulos de *O evangelho segundo o espiritismo*; três com temas de fechamento. Mediante eventuais variações de calendário, a quantidade de reuniões pode variar. No caso do aumento no número dos encontros, pode-se, para suprir a demanda, fazer reuniões de "síntese de etapa" — realizadas a cada dois meses, por exemplo —, com o objetivo de recapitular a essência dos temas estudados no período. Para o estudo de cada um dos capítulos, é selecionada apenas uma passagem evangélica (composta por um ou mais versículos) — entre as transcritas por Kardec. Com exceção dos capítulos em que só há transcrita uma passagem do Novo Testamento, nos demais, há a possibilidade de se variar, a cada ano, o trecho a ser analisado.[17]

11.4 DIRETRIZES PARA O ESTUDO

Em cada reunião, analisa-se, primeiramente, como o capítulo selecionado para o estudo do dia foi estruturado por Allan Kardec, tecendo-se breves comentários sobre o título dado pelo codificador ao capítulo (o entendimento de suas palavras, a sua relação com conteúdo do capítulo, etc.). A seguir identificam-se as passagens evangélicas nele presentes, os comentários feitos por Kardec e, quando houver, a(s) mensagem(s) dos Espíritos orientadores, entre outras possibilidades. Após a realização desses breves comentários preliminares (com duração de apenas alguns minutos), a atenção se direciona, especificamente, ao estudo da passagem selecionada. Segundo o próprio codificador frisou:

> Cumpre [...] se atenda aos costumes e ao caráter dos povos, pelo muito que influem sobre o gênio particular de seus idiomas. Sem esse conhecimento, escapa amiúde o sentido verdadeiro de certas palavras. De uma língua para outra, o mesmo termo se reveste de maior ou menor energia. [...] Na mesma língua, algumas palavras perdem seu valor com o correr dos séculos. [...] Se se não tiver em conta o meio em que Jesus vivia, fica-se exposto a equívocos sobre o valor de certas expressões e de certos fatos, em consequência do hábito em que se está de assimilar os outros a si próprio (KARDEC, 2013, cap. 23, it. 3, p. 282 a 283).

As diretrizes de análise que norteiam a realização dessa parte do estudo — cuja essência encontra-se condensada no capítulo 9 deste

---

17 Nota da autora: Tal medida possibilita que diferentes enfoques possam ser agregados ao conhecimento dos frequentadores que desejarem, por opção própria, fazer o curso mais de uma vez.

volume — são inspiradas no opúsculo *O evangelho: como, por que e para que estudá-lo à luz da Doutrina Espírita* e no livro *Luz imperecível*, ambos organizados por Honório Onofre Abreu e publicados pela União Espírita Mineira. Ademais, *O Evangelho* — conforme consta no próprio título dado por Kardec — é *segundo o Espiritismo* e, portanto, em cada versículo ou item estudado, faz-se imprescindível correlacioná-los aos fundamentos básicos da Doutrina Espírita[18] — contidos nos livros da Codificação e em obras subsidiárias —, para que se possa compreender e sentir os ensinamentos da Boa-Nova à luz do Espiritismo.

11.5 DINÂMICA DAS AULAS

Do ponto de vista da dinâmica das aulas, o importante é fazer com que os frequentadores participem ativamente dos estudos, evitando-se o recurso meramente expositivo. Nesse sentido, envia-se a todos, com antecedência, e-mail no qual são indicados o capítulo e a passagem que serão estudados, a bibliografia básica — versando, embora não esgotando, o assunto — e o convite para que leiam e se preparem. Isso serve de estímulo para que os frequentadores estudem o capítulo com antecedência e venham para as aulas com sugestões ou dúvidas extraídas de suas leituras.

11.6 ADEQUAÇÃO DO ESTUDO AO PÚBLICO FREQUENTADOR

Para se averiguar os índices de adequação do estudo ao público frequentador, realiza-se, ao final de cada ano, uma avaliação para verificar, do ponto de vista dos participantes, como foi o andamento das

---

18 Nota da autora: *Fundamentos básicos da Doutrina Espírita*: Deus; Jesus; Espírito; Perispírito; Evolução; Livre-Arbítrio; Causa e Efeito; Reencarnação; Pluralidade dos mundos habitados; Imortalidade da alma; Vida futura; Plano Espiritual; Mediunidade; Influência dos Espíritos em nossas vidas; e Ação dos Espíritos na Natureza.

atividades. Isso não impede que eventuais ajustes, voltados ao alcance de melhores resultados no estudo, possam ser feitos no seu transcorrer. Outro ponto a ser considerado é a quantidade de pessoas presente nas reuniões, pois o ideal é que as turmas não sejam numerosas, de modo a dar oportunidade de participação às pessoas presentes. Quanto ao material didático a ser adotado, pondera-se que o uso de projeções é opcional, todavia, a utilização de mapas dos lugares por onde Jesus passou é muito importante.

11.7 CONDUÇÃO DAS ATIVIDADES DO ESTUDO

A condução das atividades do estudo é feita por um coordenador, que conta com um auxiliar — responsável pelo controle da frequência, do envio dos e-mails e de outras ações que se fizerem necessárias — e com os facilitadores incumbidos da realização dos estudos. As aulas são dadas em sistema de rodízio entre os facilitadores. O coordenador e o auxiliar também são facilitadores no desenvolvimento das aulas.

11.8 AS INSCRIÇÕES PARA O ESTUDO

Não há pré-requisitos para participação no estudo e nem impedimentos para o ingresso de novos frequentadores ao longo do ano. A recepção e adaptação de novos inscritos, após o início do estudo, são realizadas mediante o compromisso de se atualizarem, de forma mais acelerada, sobre os temas já estudados. Contudo, muitos desses frequentadores, optam pela continuidade do estudo no ano seguinte, de modo a completar o ciclo de estudos dos capítulos de *O evangelho segundo o espiritismo*. Por exemplo: um frequentador que ingressou no momento em que o objeto de estudo era o capítulo 9 de *O evangelho segundo o espiritismo* poderá participar normalmente dos estudos seguintes até terminar a programação definida para aquele ano, contando com a possibilidade de completar seu conhecimento, caso queira, no início do próximo ano, isto é, comparecendo as aulas em que foram trabalhados os capítulos 1 a 9 ou até o final, pois as passagens são alteradas a cada novo ano.

Após esses esclarecimentos, apresenta-se a seguir a sugestão de temas abordados na programação dos anos de 2012 e 2013.

11.9 SUGESTÃO DE PROGRAMA – ANO DE 2012

AULA 1: APRESENTAÇÃO DO CURSO – esclarecimentos sobre programa, metodologia e fontes para consulta; dinâmica de recepção/integração.

AULA 2: *O EVANGELHO SEGUNDO O ESPIRITISMO* – origem da obra/contexto da época, objetivos, estrutura, inserção no contexto da Codificação.

AULA 3: INTRODUÇÃO

AULA 4: CAP. 1 – NÃO VIM DESTRUIR A LEI
Não penseis que eu tenha vindo destruir a lei ou os profetas: não os vim destruir, mas cumpri-los: – porquanto, em verdade vos digo que o Céu e a Terra não passarão, sem que tudo o que se acha na lei esteja perfeitamente cumprido, enquanto reste um único iota e um único ponto (Mateus, 5:17 e 18).

Referências

ABREU, Honório Onofre. *Luz imperecível*. 6. ed. Belo Horizonte: União Espírita Mineira, 2009. Cap. 199 - Lei de Amor.

KARDEC, Allan. *O evangelho segundo o espiritismo*. Cap. I – Não vim destruir a lei.

_____. *O livro dos espíritos*. Cap. I – Lei divina ou natural.

XAVIER, Francisco Cândido. *Caminho, verdade e vida*. Pelo Espírito Emmanuel. Cap. 108, 110 e 179.

_____. *Ceifa de luz*. Pelo Espírito Emmanuel. Cap. 25 – Lei e Vida.

_____. *Estude e viva*. Pelo Espírito Emmanuel. Cap. 40.

_____. *Livro da esperança*. Pelo Espírito Emmanuel. Cap. 1, 2 e 8.

_____. *Pão nosso*. Pelo Espírito Emmanuel. Cap. 8.

_____. *Vinha de luz*. Pelo Espírito Emmanuel. Cap. 6.

AULA 5: CAP. 2 – MEU REINO NÃO É DESTE MUNDO

A realeza de Jesus. Pilatos, tendo entrado de novo no palácio e feito vir Jesus a sua presença, perguntou-lhe: És o rei dos judeus? – Respondeu-lhe Jesus: Meu reino não é deste mundo. Se o meu reino fosse deste mundo, a minha gente houvera combatido para impedir que eu caísse nas mãos dos judeus; mas, o meu reino ainda não é aqui. Disse-lhe então Pilatos: És, pois, rei? – Jesus lhe respondeu: Tu o dizes; sou rei; não nasci e não vim a este mundo senão para dar testemunho da verdade. Aquele que pertence à verdade escuta minha voz (JOÃO, 18:33, 36 e 37).

Referências

KARDEC, Allan. *O livro dos espíritos*. Livro Terceiro – Cap. I – Lei divina ou natural; Cap. XII – Perfeição Moral. Livro Quarto – Cap. II – Penas e Gozos Futuros.

XAVIER, Francisco Cândido. *Caminho, verdade e vida*. Pelo Espírito Emmanuel. Cap. 85.

_____. *Livro da esperança*. Pelo Espírito Emmanuel. Cap. 03.

_____. *Pão nosso*. Pelo Espírito Emmanuel. Cap. 133.

_____. *Vinha de luz*. Pelo Espírito Emmanuel. Cap. 177.

AULA 6: CAP. 3 – HÁ MUITAS MORADAS NA CASA DE MEU PAI

Não se turbe o vosso coração. Credes em Deus, crede também em mim. Há muitas moradas na casa de meu Pai; se assim não fosse, já eu vo-lo teria dito, pois me vou para vos preparar o lugar. Depois que me tenha ido e que vos houver preparado o lugar, voltarei e vos retirarei para mim, a fim de que, onde eu estiver, também vós aí estejais (JOÃO, 14:1 a 3).

Referências

ABREU, Honório Onofre. *Luz imperecível*: estudo interpretativo do evangelho à luz da Doutrina Espírita. 6. ed. Belo Horizonte: União Espírita Mineira, 2009. Cap. 206 – Fé em Nova Dimensão; cap. 207 – *Moradas*; e 208 - *Transformação*.

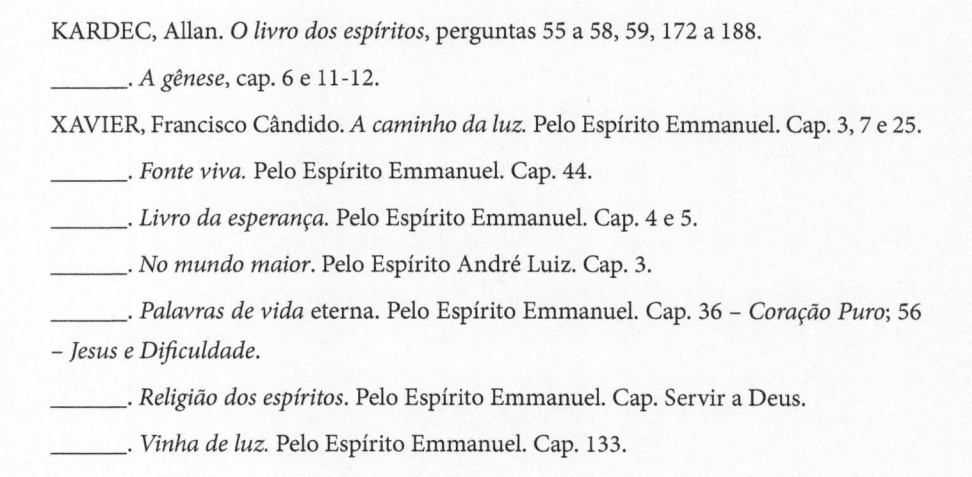

KARDEC, Allan. *O livro dos espíritos*, perguntas 55 a 58, 59, 172 a 188.

_____. *A gênese*, cap. 6 e 11-12.

XAVIER, Francisco Cândido. *A caminho da luz*. Pelo Espírito Emmanuel. Cap. 3, 7 e 25.

_____. *Fonte viva*. Pelo Espírito Emmanuel. Cap. 44.

_____. *Livro da esperança*. Pelo Espírito Emmanuel. Cap. 4 e 5.

_____. *No mundo maior*. Pelo Espírito André Luiz. Cap. 3.

_____. *Palavras de vida* eterna. Pelo Espírito Emmanuel. Cap. 36 – *Coração Puro*; 56 – *Jesus e Dificuldade*.

_____. *Religião dos espíritos*. Pelo Espírito Emmanuel. Cap. Servir a Deus.

_____. *Vinha de luz*. Pelo Espírito Emmanuel. Cap. 133.

AULA 7: CAP. 4 – NINGUÉM PODERÁ VER O REINO DE DEUS SE NÃO NASCER DE NOVO

Ora, entre os fariseus, havia um homem chamado Nicodemos, senador dos judeus, que veio a noite ter com Jesus e lhe disse: Mestre, sabemos que vieste da parte de Deus para nos instruir como um doutor, porquanto ninguém poderia fazer os milagres que fazes, se Deus não estivesse com ele. Jesus lhe respondeu: Em verdade, em verdade digo-te: Ninguém pode ver o reino de Deus se não nascer de novo. Disse-lhe Nicodemos: Como pode nascer um homem já velho? Pode tornar a entrar no ventre de sua mãe, para nascer segunda vez? Retorquiu-lhe Jesus: Em verdade, em verdade, digo-te: Se um homem não renasce da água e do Espírito, não pode entrar no reino de Deus. O que é nascido da carne é carne e o que é nascido do Espírito é Espírito. – Não te admires de que eu te haja dito ser preciso que nasças de novo. O Espírito sopra onde quer e ouves a sua voz, mas não sabes donde vem ele, nem para onde vai; o mesmo se dá com todo homem que é nascido do Espírito. Respondeu-lhe Nicodemos: Como pode isso fazer-se? Jesus lhe observou: Pois quê! És mestre em Israel e ignoras estas coisas? Digo-te em verdade, em verdade, que não dizemos senão o que sabemos e que não damos testemunho, senão do que temos visto. Entretanto, não aceitas o nosso testemunho. – Mas, se não me credes, quando vos falo das coisas da Terra, como me crereis, quando vos fale das coisas do céu? (JOÃO, 3:1 a 12).

Referências

ABREU, Honório Onofre. *Luz imperecível*: estudo interpretativo do evangelho à luz da Doutrina Espírita. 6. ed. Belo Horizonte: União Espírita Mineira, 2009. Cap. 187 – Reencarnação e Evolução; cap. 188 – Cristalizações; cap. 189 – Reencarnação e Aperfeiçoamento; cap. 190 – Reencarnação e Direcionamento; cap. 191 – Deslumbramento; cap. 192 – Limitações; cap. 193 – Questionamento; cap. 194 – Mestre e Mestres; cap. 195 – Testemunho; cap. 196 – Convicção Pessoal.

AULA 8: CAP. 5 – BEM-AVENTURADOS OS AFLITOS

Bem-aventurados os que choram, pois que serão consolados. Bem-aventurados os famintos e os sequiosos de justiça, pois que serão saciados. Bem-aventurados os que sofrem perseguição pela justiça, pois que é deles o reino dos céus (MATEUS, 5:4, 6 e 10).

Referências

ABREU, Honório Onofre. *Luz imperecível*: estudo interpretativo do evangelho *à luz da Doutrina Espírita*. 6. ed. Belo Horizonte: União Espírita Mineira, 2009. Cap. 14 – Lágrimas; cap. 16 – Fome de Justiça; cap. 20 – Perseguições.

AULA 9: CAP. 5 – BEM-AVENTURADOS OS AFLITOS

Bem-aventurados vós, que sois pobres, porque vosso é o reino dos céus. Bem-aventurados vós, que agora tendes fome, porque sereis saciados. Ditosos sois, vós que agora chorais, porque rireis (LUCAS, 6:20 e 21).

Mas, ai de vós, ricos! que tendes no mundo a vossa consolação. Ai de vós que estais saciados, porque tereis fome. Ai de vós que agora rides, porque sereis constrangidos a gemer e a chorar (LUCAS, 6:24 e 25).

Referências

ABREU, Honório Onofre. *Luz imperecível*: estudo interpretativo do evangelho *à luz da Doutrina Espírita*. 6. ed. Belo Horizonte: União Espírita Mineira, 2009. Cap. 14 – Lágrimas; cap. 145 – Júbilo Renovado; cap. 146 – Carência; cap. 149 – Riqueza; cap. 150 – Advertências.

AULA 10: CAP. 6 – O CRISTO CONSOLADOR

Se me amais, guardai os meus mandamentos; e eu rogarei a meu Pai e ele vos enviará outro Consolador, a fim de que fique eternamente convosco: O Espírito de Verdade, que o mundo não pode receber, porque o não vê e absolutamente o não conhece. Mas, quanto a vós, conhecê-lo-eis, porque ficará convosco e estará em vós. Porém, o Consolador, que é o Santo Espírito, que meu Pai enviará em meu nome, vos ensinará todas as coisas e vos fará recordar tudo o que vos tenho dito (JOÃO, 14:15 a 17 e 26).

Referências

KARDEC, Allan. *O evangelho segundo o espiritismo*. Introd., it. II; cap.I, itens 5 e 8; e cap. VI.

_____. *A gênese*. Cap. I, itens 30 e 42 e cap. XVII, nº 39.

_____. *O livro dos espíritos*. Introd., item IV e questões 112 e 615.

XAVIER, Francisco Cândido. *A caminho da luz*. Pelo Espírito Emmanuel. Cap. I e IX.

_____. *O consolador*. Pelo Espírito Emmanuel. Questões 85, 283 e 352.

_____. *Nos domínios da mediunidade*. Pelo Espírito André Luiz. Cap. I e II

_____. VIEIRA, Waldo. *O espírito da verdade*. Espíritos diversos. Item 8.

_____. *Livro da esperança*. Pelo Espírito Emmanuel. Cap. 77 e 15.

_____. *Palavras de Vida Eterna*. Pelo Espírito Emmanuel. Cap. 175.

_____. *Segue-me*. Pelo Espírito Emmanuel. Cap. 51.

_____. *Vinha de luz*. Pelo Espírito Emmanuel. Itens 175 e 176.

AULA 11: CAP. 7 – BEM-AVENTURADOS OS POBRES DE ESPÍRITO

Bem-aventurados os pobres de espírito, pois deles é o reino dos céus (MATEUS, 5:3).

Referências

ABREU, Honório Onofre. *Luz imperecível*: estudo interpretativo do evangelho *à luz da Doutrina Espírita*. 6. ed. Belo Horizonte: União Espírita Mineira, 2009. Cap. 13 - *Carentes e Felizes*.

AULA 12: CAP. 8 – BEM-AVENTURADOS OS QUE TÊM PURO O CORAÇÃO

Apresentaram-lhe então algumas crianças, a fim de que ele as tocasse, e, como seus discípulos afastassem com palavras ásperas os que lhas apresentavam,

Jesus, vendo isso, zangou-se e lhes disse: Deixai que venham a mim as criancinhas e não as impeçais, porquanto o reino dos céus é para os que se lhes assemelham. Digo-vos, em verdade, que aquele que não receber o reino de Deus como uma criança, nele não entrará. E, depois de abraçá-las, abençoou-as, impondo-lhes as mãos (MARCOS, 10:13 a 16).

Referências

ABREU, Honório Onofre. *Luz imperecível*: estudo interpretativo do evangelho à luz da Doutrina Espírita. 6. ed. Belo Horizonte: União Espírita Mineira, 2009. Cap. 113 – *Na Aproximação do Mestre;* cap.114 – *Deixai Vir;* cap. 115 – *Fazer-se Criança;* cap. 116 – *Aconchego Espiritual.*

AULA 13: CAP. 9 – BEM-AVENTURADOS OS QUE SÃO BRANDOS E PACÍFICOS

Bem-aventurados os que são brandos, porque possuirão a Terra (MATEUS, 5:5).

Bem-aventurados os pacíficos, porque serão chamados filhos de Deus (MATEUS, 5:9).

Referências

ABREU, Honório Onofre. *Luz imperecível*: estudo interpretativo do evangelho *à luz da Doutrina Espírita.* 6. ed. Belo Horizonte: União Espírita Mineira, 2009. Cap. 15 – *Mansuetude e Herança; cap.19 - Pacificadores.*

XAVIER, Francisco Cândido. *Boa nova.* Pelo Espírito Humberto de Campos. Cap. 11.

_____. *Ceifa de luz.* Pelo Espírito Emmanuel. Cap. 19 e 54.

_____. *Livro da esperança.* Pelo Espírito Emmanuel. Cap. 21 e 22.

_____. *Palavras de vida eterna.* Pelo Espírito Emmanuel. Cap. 70 e 79.

_____. *Segue-me.* Pelo Espírito Emmanuel. Cap. 68.

AULA 14: CAP. 10 – BEM-AVENTURADOS OS QUE SÃO MISERICORDIOSOS

O sacrifício mais agradável a Deus

Se, portanto, quando fordes depor vossa oferenda no altar, vos lembrardes de que o vosso irmão tem qualquer coisa contra vós, – deixai a vossa dádiva junto ao altar e ide, antes, reconciliar-vos com o vosso irmão; depois, então, voltai a oferecê-la (MATEUS, 23 e 24).

Referências

ABREU, Honório Onofre. *Luz imperecível*: estudo interpretativo do evangelho *à luz da Doutrina Espírita*. 6. ed. Belo Horizonte: União Espírita Mineira, 2009.

AULA 15: CAP. 11 – AMAR AO PRÓXIMO COMO A SI MESMO

O reino dos céus é comparável a um rei que quis tomar contas aos seus servidores. – Tendo começado a fazê-lo, apresentaram-lhe um que lhe devia dez mil talentos. – Mas, como não tinha meios de os pagar, mandou seu senhor que o vendessem a ele, sua mulher, seus filhos e tudo o que lhe pertencesse, para pagamento da dívida. O servidor, lançando-se-lhe aos pés, o conjurava, dizendo: Senhor, tem um pouco de paciência e eu te pagarei tudo. Então, o senhor, tocado de compaixão, deixou-o ir e lhe perdoou a dívida. Esse servidor, porém, ao sair encontrando um de seus companheiros, que lhe devia cem dinheiros, o segurou pela goela e, quase a estrangulá-lo dizia: Paga o que me deves. O companheiro, lançando-se-lhe aos pés, o conjurava, dizendo: Tem um pouco de paciência e eu te pagarei tudo: Mas o outro não quis escutá-lo; foi-se e o mandou prender, para tê-lo preso até pagar o que lhe devia.

Os outros servidores, seus companheiros, vendo o que se passava, foram, extremamente aflitos, e informaram o senhor de tudo o que acontecera.

Então, o senhor, tendo mandado vir a sua presença aquele servidor, lhe disse: Mau servo, eu te havia perdoado tudo o que me devias, porque mo pediste. Não estavas desde então no dever de também ter piedade do teu companheiro, como eu tivera de ti? E o senhor, tomado de cólera, o entregou aos verdugos, para que o tivessem, até que ele pagasse tudo o que devia.

É assim que meu Pai, que está no céu, vos tratará, se não perdoardes, do fundo do coração, as faltas que vossos irmãos houverem cometido contra cada um de vós (MATEUS, 18:23 a 35).

Referências

ABREU, Honório Onofre. *Luz imperecível*: estudo interpretativo do evangelho à luz da Doutrina Espírita. 6. ed. Belo Horizonte: União Espírita Mineira, 2009. Cap. 90 – *Prestação de Contas*; cap. 91 – *Talentos*; cap. 92 – *Dívida e Resgate*; cap. 93 – *Apelo*; cap. 94 – *Compaixão*; cap. 95 – *Dívidas*; cap. 96 – *Nos Terrenos da Convivência*; cap. 97 – *Intolerância*; cap. 98 – *Reações*; cap. 99 – *Indignidade*; cap. 100 – *Compensações*; cap. 101 – *Ao Sabor da Justiça*.

AULA 16: CAP. 12 – AMAI OS VOSSOS INIMIGOS
Retribuir o mal com o bem

Aprendestes que foi dito: Amareis o vosso próximo e odiareis os vossos inimigos. Eu, porém, vos digo: Amai os vossos inimigos; fazei o bem aos que vos odeiam e orai pelos que vos perseguem e caluniam, a fim de serdes filhos do vosso Pai que está nos céus e que faz se levante o Sol para os bons e para os maus e que chova sobre os justos e os injustos. Porque, se só amardes os que vos amam, qual será a vossa recompensa? Não procedem assim também os publicanos? Se apenas os vossos irmãos saudardes, que é o que com isso fazeis mais do que os outros? Não fazem outro tanto os pagãos? (MATEUS, 5:43 a 47).

Referências

ABREU, Honório Onofre. *Luz imperecível: estudo interpretativo do evangelho à luz da Doutrina Espírita.* 6. ed. Belo Horizonte: União Espírita Mineira, 2009. Cap. 23 – *Ante o Próximo*; cap. 24 – *Reaproximação*; cap. 25 – *Paternidade divina*; cap. 26 – *Dimensão Afetiva*; cap. 27 – *Mais Além*.

AULA 17: CAP. 13 – NÃO SAIBA A VOSSA MÃO ESQUERDA O QUE DÊ A VOSSA MÃO DIREITA

Tendo Jesus descido do monte, grande multidão o seguiu. Ao mesmo tempo, um leproso veio ao seu encontro e o adorou, dizendo: Senhor, se quiseres, poderás curar-me. Jesus, estendendo a mão, o tocou e disse: Quero-o, fica curado; no mesmo instante desapareceu a lepra. Disse-lhe então Jesus: abstém-te de falar disto a quem quer que seja; mas, vai mostrar-te aos sacerdotes e oferece o dom prescrito por Moisés, a fim de que lhes sirva de prova (MATEUS, 8:1 a 4).

AULA 18: CAP. 14 – HONRAI O VOSSO PAI E A VOSSA MÃE

E, tendo vindo para casa, reuniu-se aí tão grande multidão de gente, que eles nem sequer podiam fazer sua refeição. Sabendo disso, vieram seus parentes para se apoderarem dele, pois diziam que perdera o espírito.

Entretanto, tendo vindo sua mãe e seus irmãos e conservando-se do lado de fora, mandaram chamá-lo. Ora, o povo se assentara em torno dele e lhe disseram: Tua mãe e teus irmãos estão lá fora e te chamam. Ele lhes respondeu: Quem é minha mãe e quem são meus irmãos? E, perpassando o olhar pelos que estavam assentados ao seu derredor, disse: Eis aqui minha mãe e meus irmãos; pois, todo aquele que faz a vontade de Deus, esse é meu irmão, minha irmã e minha mãe (MARCOS, 3:20 e 21 e 31 a 35; MATEUS, 12:46 a 50).

Referências

ABREU, Honório Onofre. *Luz imperecível*: estudo interpretativo do evangelho à luz da Doutrina Espírita. 6. ed. Belo Horizonte: União Espírita Mineira, 2009. Cap. 65 – *Familiares*; cap. 66 – *Parentela*; cap. 67 – *Família universal*; cap. 68 – *Estendendo a Mão*; cap. 69 – *Vontade divina e realização*.

AULA 19: CAP. 15 – FORA DA CARIDADE NÃO HÁ SALVAÇÃO

Ora, quando o filho do homem vier em sua majestade, acompanhado de todos os anjos, sentar-se-á no trono de sua glória; – reunidas diante dele todas as nações, separará uns dos outros, como o pastor separa dos bodes as ovelhas – e colocará as ovelhas a sua direita e os bodes a sua esquerda. Então, dirá o Rei aos que estiverem a sua direita: vinde, benditos de meu Pai, tomai posse do reino que vos foi preparado desde o princípio do mundo; – porquanto, tive fome e me destes de comer; tive sede e me destes de beber; careci de teto e me hospedastes; – estive nu e me vestistes; achei-me doente e me visitastes; estive preso e me fostes ver.

Então, responder-lhe-ão os justos: Senhor, quando foi que te vimos com fome e te demos de comer, ou com sede e te demos de beber? – Quando foi que te vimos sem teto e te hospedamos; ou despido e te vestimos? – E quando foi que te soubemos doente ou preso e fomos visitar-te? – O Rei lhes responderá: Em verdade vos digo, todas as vezes que isso fizestes a um destes mais pequeninos dos meus irmãos, foi a mim mesmo que o fizestes.

Dirá em seguida aos que estiverem a sua esquerda: Afastai-vos de mim, malditos; ide para o fogo eterno, que foi preparado para o diabo e seus anjos; – porquanto, tive fome e não me destes de comer, tive sede e não me destes de beber; precisei de teto e não me agasalhastes; estive sem roupa e não me vestistes; estive doente e no cárcere e não me visitastes.

Também eles replicarão: Senhor, quando foi que te vimos com fome e não te demos de comer, com sede e não te demos de beber, sem teto ou sem roupa, doente ou preso e não te assistimos?

– Ele então lhes responderá: Em verdade vos digo: todas as vezes que faltastes com a assistência a um destes mais pequenos, deixastes de tê-la para comigo mesmo.

E esses irão para o suplício eterno, e os justos para a vida eterna (MATEUS, 25:31 a 46).

Referências

ABREU, Honório Onofre. *Luz imperecível*: estudo interpretativo do evangelho à luz da Doutrina Espírita. 6. ed. Belo Horizonte: União Espírita Mineira, 2009. Cap. 103 – *Vitória do Bem*; cap. 104 – *Escolha*; cap. 105 – *Afinidade*; cap. 106 – *Herança*; cap. 107 – *Mentalidade Cristã*; cap. 108 – *Nudez Espiritual*; cap. 109 – *Nos Terrenos da Justiça*; cap. 110 – *Sensibilidade*; cap. 111 – *Prisões*; cap. 112 – *Reflexos Renovados*.

AULA 20: CAP. 16 – NÃO SE PODE SERVIR A DEUS E A MAMON

Jesus em casa de Zaqueu

Tendo Jesus entrado em Jericó, passava pela cidade – e havia ali um homem chamado Zaqueu, chefe dos publicanos e muito rico – o qual, desejoso de ver a Jesus, para conhecê-lo, não o conseguia devido à multidão, por ser ele de estatura muito baixa. Por isso, correu à frente da turba e subiu a um sicômoro, para o ver, porquanto ele tinha de passar por ali. – Chegando a esse lugar, Jesus dirigiu paro o alto o olhar e, vendo-o, disse-lhe: Zaqueu, dá-te pressa em descer, porquanto preciso que me hospedes hoje em tua casa. – Zaqueu desceu imediatamente e o recebeu jubiloso. – Vendo isso, todos murmuravam, a dizer: Ele foi hospedar-se em casa de um homem de má vida. (Veja-se: Introdução, artigo – Publicanos.) *Entretanto, Zaqueu, pondo-se diante do Senhor, lhe disse: Senhor, dou a metade dos meus bens aos pobres e, se causei dano a alguém, seja no que for, indenizo-o com quatro tantos. – Ao que Jesus lhe disse: Esta casa recebeu hoje a salvação, porque também este é filho de Abraão; – visto que o Filho do homem veio para procurar e salvar o que estava perdido* (LUCAS, 19:1 a 10).

Referências

ABREU, Honório Onofre. *Luz imperecível*: estudo interpretativo do evangelho à luz da Doutrina Espírita. 6. ed. Belo Horizonte: União Espírita Mineira, 2009. Cap. 162 – *Posses*; cap. 163 – *Obstáculos*; cap. 164 – *Recurso de Elevação*; cap. 165 – *Convite*; cap. 166 – *Júbilo Espiritual*; cap. 167 – *Murmúrio*; cap. 168 – *Doação e Restituição*; cap. 169 – *Casa Mental e Renovação*; cap. 170 – *Reencontro*.

AULA 21: CAP. 17 – SEDE PERFEITOS

Amai os vossos inimigos; fazei o bem aos que vos odeiam e orai pelos que vos perseguem e caluniam. – Porque, se somente amardes os que vos amam, que recompensa tereis disso? Não fazem assim também os publicanos? Se unicamente saudardes os vossos irmãos, que fazeis com isso mais do que outros? Não fazem o mesmo os pagãos? Sede, pois, vós outros, perfeitos, como perfeito é o vosso Pai celestial (MATEUS, 5:44, 46 a 48).

Referências

ABREU, Honório Onofre. *Luz imperecível*: estudo interpretativo do evangelho à luz da Doutrina Espírita. 6. ed. Belo Horizonte: União Espírita Mineira, 2009. Cap. 24 – *Reaproximação*; cap. 25 – *Paternidade divina*; cap. 26 – *Dimensão afetiva*; cap. 27 – *Mais Além*; cap. 28 – *Aperfeiçoar-se*.

AULA 22: CAP. 18 – MUITOS OS CHAMADOS, POUCOS OS ESCOLHIDOS

Entrai pela porta estreita, porque larga é a porta da perdição e espaçoso o caminho que a ela conduz, e muitos são os que por ela entram. Quão pequena é a porta da vida! quão apertado o caminho que a ela conduz! e quão poucos a encontram! (MATEUS, 7:13 e 14).

Referências

ABREU, Honório Onofre. *Luz imperecível*: estudo interpretativo do evangelho à luz da Doutrina Espírita. 6. ed. Belo Horizonte: União Espírita Mineira, 2009. Cap. 42 – *Porta Estreita*; cap. 43 – *Caminho da Redenção*.

AULA 23: CAP. 19 – A FÉ TRANSPORTA MONTANHAS
Poder da fé

Quando ele veio ao encontro do povo, um homem se lhe aproximou e, lançando-se de joelhos a seus pés, disse: Senhor, tem piedade do meu filho, que é lunático e sofre muito, pois cai muitas vezes no fogo e muitas vezes na água. Apresentei-o aos teus discípulos, mas eles não o puderam curar. Jesus respondeu, dizendo: Ó raça incrédula e depravada, até quando estarei convosco? Até quando vos sofrerei? Trazei-me aqui esse menino. E tendo Jesus ameaçado o demônio, este saiu do menino, que no mesmo instante ficou são. Os discípulos vieram então ter com Jesus em particular e lhe perguntaram: Por que não pudemos nós outros expulsar esse demônio? Respondeu-lhes Jesus: Por causa da vossa incredulidade. Pois em verdade vos digo, se tivésseis a fé do tamanho de um grão de mostarda, diríeis a esta montanha: Transporta-te daí para ali e ela se transportaria, e nada vos seria impossível (MATEUS, 17:14 a 20).

AULA 24: CAP. 20 – OS TRABALHADORES DA ÚLTIMA HORA

O reino dos céus é semelhante a um pai de família que saiu de madrugada, a fim de assalariar trabalhadores para a sua vinha. Tendo convencionado com os trabalhadores que pagaria um denário a cada um por dia, mandou-os para a vinha. Saiu de novo à terceira hora do dia e, vendo outros que se conservavam na praça sem fazer coisa alguma, disse-lhes: Ide também vós outros para a minha vinha e vos pagarei o que for razoável. Eles foram. Saiu novamente à hora sexta e a hora nona do dia e fez o mesmo. Saindo mais uma vez à hora undécima, encontrou ainda outros que estavam desocupados, aos quais disse: Por que permaneceis aí o dia inteiro sem trabalhar? É, disseram eles, que ninguém nos assalariou. Ele então lhes disse: Ide vós também para a minha vinha. Ao cair da tarde disse o dono da vinha àquele que cuidava dos seus negócios: Chama os trabalhadores e paga-lhes, começando pelos últimos e indo até aos primeiros. Aproximando-se então os que só à undécima hora haviam chegado, receberam um denário cada um. Vindo a seu turno os que tinham sido encontrados em primeiro lugar, julgaram que iam receber mais; porém, receberam apenas um denário cada um.

Recebendo-o, queixaram-se ao pai de família, dizendo: Estes últimos trabalharam apenas uma hora e lhes dás tanto quanto a nós que suportamos o peso do dia e do calor.

Mas, respondendo, disse o dono da vinha a um deles: Meu amigo, não te causo dano algum; não convencionaste comigo receber um denário pelo teu dia? Toma o que te pertence e vai-te; apraz-me a mim dar a este último tanto quanto a ti. Não me é então lícito fazer o que quero? Tens mau olho, porque sou bom?

Assim, os últimos serão os primeiros e os primeiros serão os últimos, porque muitos são os chamados e poucos os escolhidos (MATEUS, 20:1 a 16. Ver também: *Parábola do festim das bodas*, cap. XVIII, nº1).

Referências

FRANCO, Divaldo Pereira. *Jesus e o evangelho à luz da psicologia profunda*. Pelo Espírito Joanna de Ângelis – *Últimos e Primeiros*.

KARDEC, Allan. *O evangelho segundo o espiritismo* – Cap. XX.

O NOVO Testamento. Tradução, introdução e notas: Haroldo Dutra Dias. Brasília: FEB, 2013.

XAVIER, Francisco Cândido. *Pão nosso*. Pelo Espírito Emmanuel – Cap. 29 - *A Vinha*.

_____. *Livro da esperança*. Pelo Espírito Emmanuel – Cap. 66.

AULA 25: CAP. 21 – HAVERÁ FALSOS CRISTOS E FALSOS PROFETAS

Conhece-se a árvore pelo fruto

A árvore que produz maus frutos não é boa e a árvore que produz bons frutos não é má; – porquanto, cada árvore se conhece pelo seu próprio fruto. Não se colhem figos nos espinheiros, nem cachos de uvas nas sarças. O homem de bem tira boas coisas do bom tesouro do seu coração e o mau tira as más do mau tesouro do seu coração; porquanto, a boca fala do de que está cheio o coração (LUCAS, 6:43 a 45).

Referências

ABREU, Honório Onofre. *Luz imperecível*: estudo interpretativo do evangelho à luz da Doutrina Espírita. 6. ed. Belo Horizonte: União Espírita Mineira, 2009. Cap. 151 – *Seleção*; cap. 152 – *Produção*; cap. 153 - *Tesouro*.

AULA 26: CAP. 22 – NÃO SEPAREIS O QUE DEUS JUNTOU
Indissolubilidade do casamento

Também os fariseus vieram ter com ele para o tentarem e lhe disseram: Será permitido a um homem despedir sua mulher, por qualquer motivo?

Ele respondeu: Não lestes que aquele que criou o homem desde o princípio os criou macho e fêmea e disse: Por esta razão, o homem deixará seu pai e sua mãe e se ligará a sua mulher e não farão os dois senão uma só carne? Assim, já não serão duas, mas uma só carne. Não separe, pois, o homem o que Deus juntou.

Mas, por que então, retrucaram eles, ordenava Moisés que o marido desse a sua mulher um escrito de separação e a despedisse?

Jesus respondeu: Foi por causa da dureza do vosso coração que Moisés permitiu despedísseis vossas mulheres; mas, no começo, não foi assim. Por isso eu vos declaro que aquele que despede sua mulher, a não ser em caso de adultério, e desposa outra, comete adultério; e que aquele que desposa a mulher que outro despediu também comete adultério (MATEUS, 19:3 a 9).

AULA 27: CAP. 23 – ESTRANHA MORAL

Disse-lhe outro: Senhor, eu te seguirei; mas, permite que, antes, disponha do que tenho em minha casa. Jesus lhe respondeu: Quem quer que, tendo posto a mão na charrua, olhar para trás, não está apto para o reino de Deus (LUCAS, 9: 61 e 62).

AULA 28: CAP. 24 – NÃO PONHAIS A CANDEIA DEBAIXO DO ALQUEIRE

Ninguém acende uma candeia para pô-la debaixo do alqueire; põe-na, ao contrário, sobre o candeeiro, a fim de que ilumine a todos os que estão na casa (MATEUS, 5:15).

Referências

ABREU, Honório Onofre. *Luz imperecível*: estudo interpretativo do evangelho à luz da Doutrina Espírita. 6. ed. Belo Horizonte: União Espírita Mineira, 2009. Cap. 154 – *Auto iluminação*; cap. 155 – *Conhecimento*.

AULA 29: CAP. 25 – BUSCAIS E ACHAREIS

Não acumuleis tesouros na Terra, onde a ferrugem e os vermes os comem e onde os ladrões os desenterram e roubam; – acumulai tesouros no céu, onde nem a ferrugem, nem os vermes os comem; – porquanto, onde está o vosso tesouro aí está também o vosso coração.

Eis por que vos digo: Não vos inquieteis por saber onde achareis o que comer para sustento da vossa vida, nem de onde tirareis vestes para cobrir o vosso corpo. Não é a vida mais do que o alimento e o corpo mais do que as vestes?

Observai os pássaros do céu: não semeiam, não ceifam, nada guardam em celeiros; mas, vosso Pai celestial os alimenta. Não sois muito mais do que eles? – e qual, dentre vós, o que pode, com todos os seus esforços, aumentar de um côvado a sua estatura? Por que, também, vos inquietais pelo vestuário?

Observai como crescem os lírios dos campos: não trabalham, nem fiam; – entretanto, eu vos declaro que nem Salomão, em toda a sua glória, jamais se vestiu como um deles. Ora, se Deus tem o cuidado de vestir dessa maneira a erva dos campos, que existe hoje e amanhã será lançada na fornalha, quanto maior cuidado não terá em vos vestir, ó homens de pouca fé!

Não vos inquieteis, pois, dizendo: Que comeremos? ou: que beberemos? ou: de que nos vestiremos? – como fazem os pagãos, que andam a procura de todas essas coisas; porque vosso Pai sabe que tendes necessidade delas.

Buscai primeiramente o reino de Deus e a sua justiça, que todas essas coisas vos serão dadas de acréscimo. Assim, pois, não vos ponhais inquietos pelo dia de amanhã, porquanto o amanhã cuidará de si. A cada dia basta o seu mal (MATEUS, 6:19 a 21 e 25 a 34).

Referências

ABREU, Honório Onofre. *Luz imperecível*: estudo interpretativo do evangelho à luz da Doutrina Espírita. 6. ed. Belo Horizonte: União Espírita Mineira, 2009. Cap. 29 – *Posses Transitórias*; cap. 30 – *Posses Eternas*; cap. 31 – *Valores Libertadores*; cap. 32 – *Acessório e Essencial*; cap. 33 – *Diligência divina*; cap. 34 – *Limitações Humanas*; cap. 35 – *Lírios do Campo*; cap. 36 – *Beleza e Perfeição*; cap. 37 – *Vestimentas*; cap. 38 – *Inquietações*; cap. 39 – *Sabedoria divina*; cap. 40 – *Providência divina*; cap. 41 – *Eterno Presente*.

AULA 30: CAP. 26 – DAI GRATUITAMENTE O QUE GRATUITAMENTE RECEBESTES

Disse em seguida a seus discípulos, diante de todo o povo que o escutava: Precatai-vos dos escribas que se exibem a passear com longas túnicas, que gostam de ser saudados nas praças públicas e de ocupar os primeiros assentos nas sinagogas e os primeiros lugares nos festins – que, a pretexto de extensas preces, devoram as casas das viúvas. Essas pessoas receberão condenação mais rigorosa (LUCAS, 20:45 a 47; MARCOS, 12:38 a 40; MATEUS, 23:14).

AULA 31: CAP. 27 – PEDI E OBTEREIS

Se eu não entender o que significam as palavras, serei um bárbaro para aquele a quem falo e aquele que me fala será para mim um bárbaro.

Se oro numa língua que não entendo, *meu coração ora, mas a minha inteligência não colhe fruto. Se louvais a Deus apenas de coração, como é que um homem do número daqueles que só entendem a sua própria língua responderá* amém *no fim da vossa ação de graças,* uma vez que ele não entende o que dizeis? *Não é que a vossa ação não seja boa, mas* os outros não se edificam com ela (I CORÍNTIOS, 14:11,14, 16 e17).

AULA 32: CAP. 28 – COLETÂNEA DE PRECES ESPÍRITAS

Onde quer que se encontrem duas ou três pessoas reunidas em meu nome, eu com elas estarei (Mateus, 18:20).

AULA 33: *O EVANGELHO SEGUNDO O ESPIRITISMO* E A RELAÇÃO COM AS OBRAS DA CODIFICAÇÃO E AS DE EMMANUEL SOBRE O NOVO TESTAMENTO

AULA 34: *EVANGELHO SEGUNDO O ESPIRITISMO* E IMPLEMENTAÇÕES COM BASE EM ORIENTAÇÃO AO CENTRO ESPÍRITA E ORIENTAÇÃO AOS ÓRGÃOS DE UNIFICAÇÃO

Referências

CFN/FEB. *Orientação ao centro espírita*. Rio de Janeiro: Federação Espírita Brasileira, 2007.

CFN/FEB. *Orientação aos órgãos de unificação*. Rio de Janeiro: Federação Espírita Brasileira. 2010.

AULA 35: MISSÃO DO ESPIRITISMO E DOS ESPÍRITAS

AULA 36: JESUS – GUIA E MODELO

AULA 37: ENCERRAMENTO E CONFRATERNIZAÇÃO

11.10 SUGESTÃO DE PROGRAMA – ANO DE 2013

TEMAS

AULA 1: APRESENTAÇÃO DO CURSO – esclarecimentos sobre programa, metodologia e fontes para consulta; dinâmica de recepção/integração.

AULA 2: *O EVANGELHO SEGUNDO O ESPIRITISMO* – origem da obra/contexto da época, objetivos, estrutura, inserção no contexto da Codificação.

AULA 3: INTRODUÇÃO DE *O EVANGELHO SEGUNDO O ESPIRITISMO*

AULA 4: CAP. 1 – NÃO VIM DESTRUIR A LEI

Não penseis que eu tenha vindo destruir a lei ou os profetas: não os vim destruir, mas cumpri-los: – porquanto, em verdade vos digo que o Céu e a Terra não passarão, sem que tudo o que se acha na lei esteja perfeitamente cumprido, enquanto reste um único iota e um único ponto (MATEUS, 5:17 e 18).

Referências

ABREU, Honório Onofre. *Luz imperecível*. 6. ed. Belo Horizonte: União Espírita Mineira, 2009. Cap. 199 - Lei de Amor.

KARDEC, Allan. *O evangelho segundo o espiritismo*. Cap. I – Não vim destruir a Lei.

_____. *O livro dos espíritos*. Livro Terceiro – Cap. I – Lei divina ou natural;

XAVIER, Francisco Cândido. *Caminho, verdade e vida*. Pelo Espírito Emmanuel. Cap. 108, 110 e 179.

_____. *Ceifa de luz*. Pelo Espírito Emmanuel. Cap. 25 – *Lei e vida*.

_____. *Estude e viva*. Pelo Espírito Emmanuel. Cap. 40.

_____. *Livro da esperança*. Pelo Espírito Emmanuel. Cap. 1, 2 e 8.

_____. *Pão nosso*. Pelo Espírito Emmanuel. Cap. 8.

_____. *Vinha de luz*. Pelo Espírito Emmanuel. Cap. 6.

AULA 5: CAP. 2 – MEU REINO NÃO É DESTE MUNDO

A realeza de Jesus. Pilatos, tendo entrado de novo no palácio e feito vir Jesus a sua presença, perguntou-lhe: És o rei dos judeus? – Respondeu-lhe Jesus: Meu reino não é deste mundo. Se o meu reino fosse deste mundo, a minha gente houvera combatido para impedir que eu caísse nas mãos dos judeus; mas, o meu reino ainda não é aqui.

Disse-lhe então Pilatos: És, pois, rei? – Jesus lhe respondeu: Tu o dizes; sou rei; não nasci e não vim a este mundo senão para dar testemunho da verdade. Aquele que pertence a verdade escuta minha voz (JOÃO, 18:33, 36 e 37).

Referências

KARDEC, Allan. *O livro dos espíritos*. Livro Terceiro – Cap. I – Lei divina ou natural; cap. XII – Perfeição Moral. Livro Quarto – Cap. II – Penas e Gozos Futuros.

XAVIER, Francisco Cândido. *Caminho, verdade e vida*. Pelo Espírito Emmanuel. Cap. 85.

_____. *Livro da esperança*. Pelo Espírito Emmanuel. Cap. 03.

_____. *Pão nosso*. Pelo Espírito Emmanuel. Cap. 133.

_____. *Vinha de luz*. Pelo Espírito Emmanuel. Cap. 177.

AULA 6: CAP. 3 – HÁ MUITAS MORADAS NA CASA DE MEU PAI

Não se turbe o vosso coração. – Credes em Deus, crede também em mim. Há muitas moradas na casa de meu Pai; se assim não fosse, já eu vo-lo teria dito, pois me vou para vos preparar o lugar. – Depois que me tenha ido e que vos houver preparado o lugar, voltarei e vos retirarei para mim, a fim de que onde eu estiver, também vós aí estejais (JOÃO, 14:1 a 3).

Referências

ABREU, Honório Onofre. *Luz imperecível*: estudo interpretativo do evangelho à luz da Doutrina Espírita. 6. ed. Belo Horizonte: União Espírita Mineira, 2009. Cap. 206 – Fé em Nova Dimensão; cap. 207 – *Moradas; e* cap. 208 - *Transformação*.

KARDEC, Allan. *O livro dos espíritos*, perguntas 55 a 58, 59, 172 a 188.

_____. *A gênese*, cap. 6 e 11-12.

XAVIER, Francisco Cândido. *A caminho da luz*. Pelo Espírito Emmanuel. Cap. 3, 7 e 25.

_____. *Fonte viva*. Pelo Espírito Emmanuel. Cap. 44.

_____. *Livro da esperança*. Pelo Espírito Emmanuel. Cap. 4 e 5.

_____. *No mundo maior*. Pelo Espírito André Luiz. Cap. 3.

_____. *Palavras de vida eterna*. Pelo Espírito Emmanuel. Cap. 36 – *Coração Puro*; 56 – *Jesus e Dificuldade*.

_____. *Religião dos espíritos*. Pelo Espírito Emmanuel. Cap. Servir a Deus.

AULA 7: CAP. 4 – NINGUÉM PODERÁ VER O REINO DE DEUS SE NÃO NASCER DE NOVO

Jesus, tendo vindo às cercanias de Cesareia de Filipe, interrogou assim seus discípulos: Que dizem os homens, com relação ao Filho do Homem? Quem dizem que eu sou? – Eles lhe responderam: Dizem uns que és João Batista; outros, que Elias; outros, que Jeremias, ou algum dos profetas. – Perguntou-lhes Jesus: E vós, quem dizeis que eu sou? – Simão Pedro, tomando a palavra, respondeu: Tu és o Cristo, o Filho do Deus vivo: – Replicou-lhe Jesus: Bem-aventurado és, Simão, filho de Jonas, porque não foram a carne nem o sangue que isso te revelaram, mas meu Pai, que está nos céus (MATEUS, 16:13 a 17; MARCOS, 8:27 a 30).

Referências

ABREU, Honório Onofre. *Luz imperecível*: estudo interpretativo do evangelho à luz da Doutrina Espírita. 6. ed. Belo Horizonte: União Espírita Mineira, 2009. Cap.76 – Filho do Homem; cap. 77 – Concepções pessoais; cap. 78 – Quem é Jesus?; cap. 79 – Descendência divina; e cap. 80 - Revelações.

AULA 8: CAP. 5 – BEM-AVENTURADOS OS AFLITOS

Bem-aventurados os que choram, pois que serão consolados. – Bem-aventurados os famintos e os sequiosos de justiça, pois que serão saciados. – Bem-aventurados os que sofrem perseguição pela justiça, pois que é deles o reino dos céus (MATEUS, 5:5, 6 e 10).

Bem-aventurados vós, que sois pobres, porque vosso é o reino dos céus. – Bem-aventurados vós, que agora tendes fome, porque sereis saciados. – Ditosos sois, vós que agora chorais, porque rireis (LUCAS, 6:20 e 21).

Mas, ai de vós, ricos! que tendes no mundo a vossa consolação. – Ai de vós que estais saciados, porque tereis fome. – Ai de vós que agora rides, porque sereis constrangidos a gemer e a chorar (LUCAS, 6:24 e 25).

Referências

ABREU, Honório Onofre. *Luz imperecível*: estudo interpretativo do evangelho à luz da Doutrina Espírita. 6. ed. Belo Horizonte: União Espírita Mineira, 2009. Cap. 13 – Carentes e Felizes; cap. 14 – Lágrimas; cap. 16 – Fome de Justiça; cap. 20 – Perseguições; cap. 145 – Júbilo Renovado; cap. 146 – Carência; cap. 149 – Riqueza; cap. 150 - Advertências.

XAVIER, Francisco Cândido. *Livro da esperança*. Pelo Espírito Emmanuel. Cap. 22 e 51.

AULA 9: CAP. 6 – O CRISTO CONSOLADOR

Se me amais, guardai os meus mandamentos; e eu rogarei a meu Pai e ele vos enviará outro Consolador, a fim de que fique eternamente convosco: — O Espírito de Verdade, que o mundo não pode receber, porque o não vê e absolutamente o não conhece. Mas, quanto a vós, conhecê-lo-eis, porque ficará convosco e estará em vós.

Porém, o Consolador, que é o Santo Espírito, que meu Pai enviará em meu nome, vos ensinará todas as coisas e vos fará recordar tudo o que vos tenho dito (JOÃO, 14:15 a 17 e 26).

Referências

KARDEC, Allan. *O evangelho segundo o espiritismo*. Introdução – item II. Cap. I – itens 5 e 8; e cap. VI.

_____. *O livro dos espíritos*. Introdução, item IV e questões 112 e 615.

_____. *A gênese*. Cap. I - nºs 30 e 42 e cap. XVII - nº 39.

XAVIER, Francisco Cândido. *A caminho da luz*. Pelo Espírito Emmanuel. Cap. I e IX.

_____. *O consolador*. Pelo Espírito Emmanuel. Questões 85, 283 e 352.

_____. *Nos domínios da mediunidade*. Pelo Espírito André Luiz. Cap. I e II.

_____. VIEIRA, Waldo. *O espírito da verdade*. Espíritos diversos. Item 8.

_____. *Livro da esperança*. Pelo Espírito Emmanuel. Cap. 77 e 15.

_____. *Palavras de vida eterna*. Pelo Espírito Emmanuel. Cap. 175.

_____. *Segue-me*. Pelo Espírito Emmanuel. Cap. 51.

_____. *Vinha de luz*. Pelo Espírito Emmanuel. Itens 175 e 176.

AULA 10: CAP. 7 – BEM-AVENTURADOS OS POBRES DE ESPÍRITO

Disse, então, Jesus estas palavras: Graças te rendo, meu Pai, Senhor do céu e da Terra, por haveres ocultado estas coisas aos doutos e aos prudentes e por as teres revelado aos simples e aos pequenos. (MATEUS, 11:25.)

Referências

ABREU, Honório Onofre. *Luz imperecível*: estudo interpretativo do evangelho à luz da Doutrina Espírita. 6. ed. Belo Horizonte: União Espírita Mineira, 2009. Cap. 13 – Carentes e Felizes.

XAVIER, Francisco Cândido. *Livro da esperança*. Pelo Espírito Emmanuel. Cap. 17.

AULA 11: CAP. 8 – BEM-AVENTURADOS OS QUE TÊM PURO O CORAÇÃO

Se algum escandalizar a um destes pequenos que creem em mim, melhor fora que lhe atassem ao pescoço uma dessas mós que um asno faz girar e que o lançassem no fundo do mar. Ai do mundo por causa dos escândalos; pois é necessário que venham escândalos; mas, ai do homem por quem o escândalo venha. Tende muito cuidado em não desprezar um destes pequenos. Declaro-vos que seus anjos no céu veem incessantemente a face de meu Pai que está nos céus, porquanto o Filho do homem veio salvar o que estava perdido.

Se a vossa mão ou o vosso pé vos é objeto de escândalo, cortai-os e lançai-os longe de vós; melhor será para vós que entreis na vida tendo um só pé ou uma só mão, do que terdes dois e serdes lançados no fogo eterno. – Se o vosso olho vos é objeto de escândalo, arrancai-o e lançai-o longe de vós; melhor para vós será que entreis na vida tendo um só olho, do que terdes dois e serdes precipitados no fogo do inferno (MATEUS, 18:6 a 11; 5:29 e 30).

Referências

ABREU, Honório Onofre. *Luz imperecível*: estudo interpretativo do evangelho à luz da Doutrina Espírita. 6. ed. Belo Horizonte: União Espírita Mineira, 2009. Cap. 18 – Limpos de Coração; 86 – Vida Plena; 87 – Capacidade de Ver; 88 – Cultivo do Bem; e 89 - Salvar.

XAVIER, Francisco Cândido. *Caminho, verdade e vida*. Pelo Espírito Emmanuel. Cap. 180.

_____. *Fonte viva*. Pelo Espírito Emmanuel. Cap. 157.

_____. *Livro da esperança*. Pelo Espírito Emmanuel. Cap. 20.

AULA 12: CAP. 9 – BEM-AVENTURADOS OS QUE SÃO BRANDOS E PACÍFICOS

Bem-aventurados os que são brandos, porque possuirão a Terra (MATEUS, 5:5).

Bem-aventurados os pacíficos, porque serão chamados filhos de Deus. (MATEUS, 5:9.)

Referências

ABREU, Honório Onofre. *Luz imperecível*: estudo interpretativo do evangelho *à luz da Doutrina Espírita*. 6. ed. Belo Horizonte: União Espírita Mineira, 2009. Cap. 15 – *Mansuetude e Herança; cap.19 - Pacificadores*.

XAVIER, Francisco Cândido. *Boa nova*. Pelo Espírito Humberto de Campos. Cap. 11.

_____. *Ceifa de luz*. Pelo Espírito Emmanuel. Cap. 19 e 54.

_____. *Livro da esperança*. Pelo Espírito Emmanuel. Cap. 21 e 22.

_____. *Palavras de vida eterna*. Pelo Espírito Emmanuel. Cap. 70 e 79.

_____. *Segue-me*. Pelo Espírito Emmanuel. Cap. 68

AULA 13: CAP. 10 – BEM-AVENTURADOS OS QUE SÃO MISERICORDIOSOS

O argueiro e a trave no olho

Como é que vedes um argueiro no olho do vosso irmão, quando não vedes uma trave no vosso olho? – Ou, como é que dizeis ao vosso irmão: Deixa-me tirar um argueiro do teu olho, vós que tendes no vosso uma trave? – Hipócritas, tirai primeiro a trave do vosso olho e depois, então, vede como podereis tirar o argueiro do olho do vosso irmão (MATEUS, 7:3 a 5).

Referências

ABREU, Honório Onofre. *Luz imperecível*: estudo interpretativo do evangelho à luz da Doutrina Espírita. 6. ed. Belo Horizonte: União Espírita Mineira, 2009. Cap. 17 – Clemência.

XAVIER, Francisco Cândido. *Ceifa de luz*. Pelo Espírito Emmanuel. Cap. 52.

_____. *Fonte viva*. Pelo Espírito Emmanuel. Cap. 113.

_____. *Palavras de vida eterna*. Pelo Espírito Emmanuel. Cap. 35.

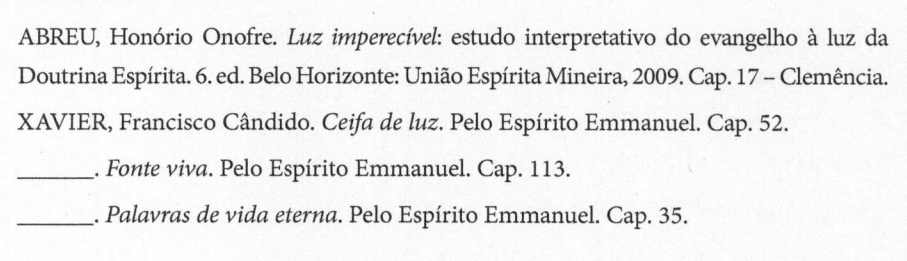

AULA 14: CAP. 11 – AMAR AO PRÓXIMO COMO A SI MESMO
Dai a César o que é de César

Os fariseus, tendo-se retirado, entenderam-se entre si para enredá-lo com as suas próprias palavras. – Mandaram então seus discípulos, em companhia dos herodianos, dizer-lhe: Mestre, sabemos que és veraz e que ensinas o caminho de Deus pela verdade, sem levares em conta a quem quer que seja, porque, nos homens, não consideras as pessoas. – Dize-nos, pois, qual a tua opinião sobre isto: É-nos permitido pagar ou deixar de pagar a César o tributo?

Jesus, porém, que lhes conhecia a malícia, respondeu: Hipócritas, por que me tentais? Apresentai-me uma das moedas que se dão em pagamento do tributo. E, tendo-lhe eles apresentado um denário, perguntou Jesus: De quem são esta imagem e esta inscrição? – De César, responderam eles. Então, observou-lhes Jesus: Dai, pois, a César o que é de César e a Deus o que é de Deus. Ouvindo-o falar dessa maneira, admiraram-se eles da sua resposta e, deixando-o, se retiraram (MATEUS, 22:15 a 22; MARCOS, 12:13 a 17).

Referências

XAVIER, Francisco Cândido. *Pão nosso*. Pelo Espírito Emmanuel. Cap. 102.

AULA 15: CAP. 12 – AMAI OS VOSSOS INIMIGOS
Se alguém vos bater na face direita, apresentai-lhe também a outra

Aprendestes que foi dito: olho por olho e dente por dente. – Eu, porém, vos digo que não resistais ao mal que vos queiram fazer; que se alguém vos bater na face direita, lhe apresenteis também a outra; – *e que se alguém quiser pleitear contra vós, para vos tomar a túnica, também lhe entregueis o manto; – e que se alguém vos obrigar a caminhar mil passos com ele, caminheis mais dois mil. – Dai aquele que vos pedir e não repilais aquele que vos queira tomar emprestado* (MATEUS, 5:38 a 42).

Referências

XAVIER, Francisco Cândido. *Livro da esperança*. Pelo Espírito Emmanuel. Cap. 27 e 41.

_____. *Vinha de luz*. Pelo Espírito Emmanuel. Cap. 62 e 63.

AULA 16: CAP. 13 – NÃO SAIBA A VOSSA MÃO ESQUERDA O QUE DÊ A VOSSA MÃO DIREITA

Convidar os pobres e os estropiados. Dar sem esperar retribuição

Disse também àquele que o convidara: Quando derdes um jantar ou uma ceia, não convideis nem os vossos amigos, nem os vossos irmãos, nem os vossos parentes, nem os vossos vizinhos que forem ricos, para que em seguida não vos convidem a seu turno e assim retribuam o que de vós receberam. – Quando derdes um festim, convidai para ele os pobres, os estropiados, os coxos e os cegos. – E sereis ditosos por não terem eles meios de vo-lo retribuir, pois isso será retribuído na ressurreição dos justos. Um dos que se achavam à mesa, ouvindo essas palavras, disse-lhe: Feliz do que comer do pão no reino de Deus! (LUCAS, 14:12 a 15).

Referências

XAVIER, Francisco Cândido. *Livro da esperança*. Pelo Espírito Emmanuel. Cap. 36.

AULA 17: CAP. 14 – HONRAI O VOSSO PAI E A VOSSA MÃE

E, tendo vindo para casa, reuniu-se aí tão grande multidão de gente, que eles nem sequer podiam fazer sua refeição. – Sabendo disso, vieram seus parentes para se apoderarem dele, pois diziam que perdera o espírito.

Entretanto, tendo vindo sua mãe e seus irmãos e conservando-se do lado de fora, mandaram chamá-lo.

– Ora, o povo se assentara em torno dele e lhe disseram: Tua mãe e teus irmãos estão lá fora e te chamam.

– *Ele lhes respondeu: Quem é minha mãe e quem são meus irmãos? E, perpassando o olhar pelos que estavam assentados ao seu derredor, disse: Eis aqui minha mãe e meus irmãos;* – *pois, todo aquele que faz a vontade de Deus, esse é meu irmão, minha irmã e minha mãe* (MARCOS, 3:20-21 e 31 a 35; – MATEUS, 12:46 a 50).

Referências

ABREU, Honório Onofre. *Luz imperecível*: estudo interpretativo do evangelho à luz da Doutrina Espírita. 6. ed. Belo Horizonte: União Espírita Mineira, 2009. Cap. 65 – *Familiares*; cap. 66 – *Parentela*; cap. 67 – *Família universal*; cap. 68 – *Estendendo a Mão*; cap. 69 – *Vontade divina e Realização*.

KARDEC, Allan. *O evangelho segundo o espiritismo*. Cap. I, it. 2; XI, it. 12 e XIV.

_____. *O livro dos espíritos*. Questões: 383, 385, 582 e 681.

XAVIER, Francisco Cândido. *Ação e reação*. Pelo Espírito André Luiz – Cap. 12 - Dívida Agravada.

_____. *O consolador*. Pelo Espírito Emmanuel - Questão 110.

_____. VIEIRA, Waldo. *O espírito da verdade*, espíritos diversos - Cap. 27.

_____. *Livro da esperança*. Pelo Espírito Emmanuel. Cap. 39.

_____. *Palavras de Emmanuel*. Pelo Espírito Emmanuel, Cap. 27

_____. *Vida e sexo*. Pelo Espírito Emmanuel. Cap. 2.

AULA 18: CAP. 15 – FORA DA CARIDADE NÃO HÁ SALVAÇÃO

Então, levantando-se, disse-lhe um doutor da lei, para o tentar: Mestre, que preciso fazer para possuir a vida eterna? – Respondeu-lhe Jesus: Que é o que está escrito na lei? Que é o que lês nela? – Ele respondeu: Amarás o Senhor teu Deus de todo o coração, de toda a tua alma, com todas as tuas forças e de todo o teu espírito, e a teu próximo como a ti mesmo. – Disse-lhe Jesus: Respondeste muito bem; faze isso e viverás. Mas, o homem, querendo parecer que era um justo, diz a Jesus: Quem é o meu próximo? – Jesus, tomando a palavra, lhe diz: Um homem, que descia de Jerusalém para Jericó, caiu em poder de ladrões, que o despojaram, cobriram de ferimentos e se foram, deixando-o semimorto. – Aconteceu em seguida que um sacerdote, descendo pelo mesmo caminho, o viu e passou adiante. – Um levita, que também veio àquele lugar, tendo-o observado, passou igualmente adiante. – Mas, um samaritano que viajava, chegando ao lugar onde jazia aquele homem e tendo-o visto, foi tocado de compaixão. – Aproximou-se dele, deitou-lhe óleo e vinho nas feridas e as pensou; depois, pondo-o no seu cavalo, levou-o a uma hospedaria e cuidou dele. – No dia seguinte tirou dois denários e os deu ao hospedeiro, dizendo: Trata muito bem deste homem e tudo o que despenderes a mais, eu te pagarei quando regressar. Qual desses três te parece ter sido o próximo daquele que caíra em poder dos ladrões? – O doutor respondeu: Aquele que usou de misericórdia para com ele. – Então, vai, diz Jesus, e faze o mesmo (LUCAS, 10:25 a 37).

Referências

XAVIER, Francisco Cândido. *Alma e luz*. Pelo Espírito Emmanuel. Cap. 5.

_____. *Caminho, verdade e vida*. Pelo Espírito Emmanuel. Cap. 157.

_____. *Fonte viva*. Pelo Espírito Emmanuel. Cap. 126.

_____. *Segue-me*. Pelo Espírito Emmanuel. Cap. 83.

AULA 19: CAP. 16 – NÃO SE PODE SERVIR A DEUS E A MAMON

Então, aproximou-se dele um mancebo e disse: Bom mestre, que bem devo fazer para adquirir a vida eterna? – Respondeu Jesus: Por que me chamas bom? Bom, só Deus o é. Se queres entrar na vida, guarda os mandamentos. – Que mandamentos? retrucou o mancebo. Disse Jesus: Não matarás; não cometerás adultério; não furtarás; não darás testemunho falso. – Honra a teu pai e a tua mãe e ama a teu próximo como a ti mesmo. O moço lhe replicou: Tenho guardado todos esses mandamentos desde que cheguei a mocidade. Que é o que ainda me falta? – Disse Jesus: Se queres ser perfeito, vai, vende tudo o que tens, dá-o aos pobres e terás um tesouro no céu. Depois, vem e segue-me.

Ouvindo essas palavras, o moço se foi todo tristonho, porque possuía grandes haveres. – Jesus disse então a seus discípulos: Digo-vos em verdade que bem difícil é que um rico entre no reino dos céus. – Ainda uma vez vos digo: É mais fácil que um camelo passe pelo buraco de uma agulha, do que entrar um rico no reino dos céus (MATEUS, 19:16 a 24; LUCAS, 18:18 a 25; MARCOS, 10:17 a 25).

Referências

KARDEC, Allan. *O evangelho segundo o espiritismo*. 131. ed. (histórica). Brasília: FEB, 2013. Cap. 16.

AULA 20: CAP. 17 – SEDE PERFEITOS

Amai os vossos inimigos; fazei o bem aos que vos odeiam e orai pelos que vos perseguem e caluniam. – Porque, se somente amardes os que vos amam, que recompensa tereis disso? Não fazem assim também os publicanos? – Se unicamente saudardes os vossos irmãos, que fazeis com isso mais do que outros? Não fazem o mesmo os pagãos? – Sede, pois, vós outros, perfeitos, como perfeito é o vosso Pai celestial (MATEUS, 5:44, 46 a 48).

Referências

ABREU, Honório Onofre. *Luz imperecível*: estudo interpretativo do evangelho à luz da Doutrina Espírita. 6. ed. Belo Horizonte: União Espírita Mineira, 2009. Cap. 24 – *Reaproximação*; cap. 25 – *Paternidade divina*; cap. 26 – *Dimensão Afetiva*; cap. 27 – *Mais Além*; cap. 28 – *Aperfeiçoar-se*.

FRANCO, Divaldo Pereira. *Jesus e atualidade*. Pelo Espírito Amélia Rodrigues – Cap. 20.

KARDEC, Allan. *O evangelho segundo o espiritismo* – Cap. XVII.

_____. *O livro dos espíritos*. Q. 888 e 895.

XAVIER, Francisco Cândido. *Bênção de paz*. Pelo Espírito Emmanuel – Cap. 09, 27 e 28.

_____. *Ceifa de luz*. Pelo Espírito Emmanuel – Cap. 48.

_____. *Fonte viva*. Pelo Espírito Emmanuel – Cap. 96.

_____. *Livro da esperança*. Pelo Espírito Emmanuel – Cap. 50.

_____. *Palavras de vida eterna*. Pelo Espírito Emmanuel – Cap. 16.

_____. *Segue-me*. Pelo Espírito Emmanuel – Cap. 65 e 71.

_____. *Vinha de luz*. Pelo Espírito Emmanuel – Cap. 41 e 60.

AULA 21: CAP. 18 – MUITOS OS CHAMADOS, POUCOS OS ESCOLHIDOS

Aquele, pois, que ouve estas minhas palavras e as pratica, será comparado a um homem prudente que construiu sobre a rocha a sua casa. – Quando caiu a chuva, os rios transbordaram, sopraram os ventos sobre a casa; ela não ruiu, por estar edificada na rocha. – Mas, aquele que ouve estas minhas palavras e não as pratica, se assemelha a um homem insensato que construiu sua casa na areia. Quando a chuva caiu, os rios transbordaram, os ventos sopraram e a vieram açoitar, ela foi derribada; grande foi a sua ruína (MATEUS, 7:24 a 27; LUCAS, 6:46 a 49).

Referências

ABREU, Honório Onofre. *Luz imperecível*: estudo interpretativo do evangelho à luz da Doutrina Espírita. 6. ed. Belo Horizonte: União Espírita Mineira, 2009. Cap. 44 – *Edificação*; cap. 45 – *Segurança íntima*; cap. 46 – *Insensatez* e cap. 47 - *Quedas*.

XAVIER, Francisco Cândido. *Caminho, verdade e vida*. Pelo Espírito Emmanuel – Cap. 47.

_____. *Livro da esperança*. Pelo Espírito Emmanuel – Cap. 56.

_____. *Pão nosso*. Pelo Espírito Emmanuel – Cap. 09.

AULA 22: CAP. 19 – A FÉ TRANSPORTA MONTANHAS
Parábola da figueira que secou

Quando saíam de Betânia, ele teve fome; – e, vendo ao longe uma figueira, para ela encaminhou-se, a ver se acharia alguma coisa; tendo-se, porém, aproximado, só achou folhas, visto não ser tempo de figos. – Então, disse Jesus a figueira: Que ninguém coma de ti fruto algum, o que seus discípulos ouviram. – No dia seguinte, ao passarem pela figueira, viram que secara até a raiz. – Pedro, lembrando-se do que dissera Jesus, disse: Mestre, olha como secou a figueira que tu amaldiçoaste. – Jesus, tomando a palavra, lhes disse: Tende fé em Deus. – Digo-vos, em verdade, que aquele que disser a esta montanha: Tira-te daí e lança-te ao mar, mas sem hesitar no seu coração, crente, ao contrário, firmemente, de que tudo o que houver dito acontecerá, verá que, com efeito, acontece (MARCOS, 11:12 a 14 e 20 a 23).

Referências

XAVIER, Francisco Cândido. *Ceifa de luz*. Pelo Espírito Emmanuel – Cap. 53.

_____. *Palavras de vida eterna*. Pelo Espírito Emmanuel – Cap. 162.

AULA 23: CAP. 20 – OS TRABALHADORES DA ÚLTIMA HORA

O reino dos céus é semelhante a um pai de família que saiu de madrugada, a fim de assalariar trabalhadores para a sua vinha. –Tendo convencionado com os trabalhadores que pagaria um denário a cada um por dia, mandou-os para a vinha. – Saiu de novo a terceira hora do dia e, vendo outros que se conservavam na praça sem fazer coisa alguma. – disse-lhes: Ide também vós outros para a minha vinha e vos pagarei o que for razoável. Eles foram. – Saiu novamente a hora sexta e a hora nona do dia e fez o mesmo. – Saindo mais uma vez a hora undécima, encontrou ainda outros que estavam desocupados, aos quais disse: Por que permaneceis aí o dia inteiro sem trabalhar? – É, disseram eles, que ninguém nos assalariou. Ele então lhes disse: Ide vós também para a minha vinha. Ao cair da tarde disse o dono da vinha àquele que cuidava dos seus negócios: Chama os trabalhadores e paga-lhes, começando pelos últimos e indo até aos primeiros. – Aproximando-se então os que só a undécima hora haviam chegado, receberam um denário cada um. – Vindo a seu turno os que tinham sido encontrados em primeiro lugar, julgaram que iam receber mais; porém, receberam apenas um denário cada um.

– Recebendo-o, queixaram-se ao pai de família – dizendo: Estes últimos trabalharam apenas uma hora e lhes dás tanto quanto a nós que suportamos o peso do dia e do calor.

Mas, respondendo, disse o dono da vinha a um deles: Meu amigo, não te causo dano algum; não convencionaste comigo receber um denário pelo teu dia? Toma o que te pertence e vai-te; apraz-me a mim dar a este último tanto quanto a ti. – Não me é então lícito fazer o que quero? Tens mau olho, porque sou bom?

Assim, os últimos serão os primeiros e os primeiros serão os últimos, porque muitos são os chamados e poucos os escolhidos (MATEUS, 20:1 a 16. Ver também: *Parábola do festim das bodas*, cap. XVIII, nº1).

Referências

FRANCO, Divaldo Pereira. *Jesus e o evangelho à luz da psicologia profunda*. Pelo Espírito Amélia Rodrigues – *Últimos e Primeiros*.

KARDEC, Allan. *O evangelho segundo o espiritismo* – Cap. XX.

O NOVO Testamento. Tradução, introdução e notas: Haroldo Dutra Dias. Brasília: FEB, 2013. Cap. 20, p. 117.

XAVIER, Francisco Cândido. *Pão nosso*. Pelo Espírito Emmanuel – Cap. 29 - *A Vinha*.

_____. *Livro da esperança*. Pelo Espírito Emmanuel – Cap. 66.

AULA 24: CAP. 21 – HAVERÁ FALSOS CRISTOS E FALSOS PROFETAS

Guardai-vos dos falsos profetas *que vêm ter convosco cobertos de peles de ovelha e que por dentro são lobos rapaces. – Conhecê-los-eis pelos seus frutos. Podem colher-se uvas nos espinheiros ou figos nas sarças? – Assim, toda árvore boa produz bons frutos e toda árvore má produz maus frutos. –* Uma árvore boa não pode produzir frutos maus e uma árvore má não pode produzir frutos bons. *– Toda árvore que não produz bons frutos será cortada e lançada ao fogo. – Conhecê-la-eis, pois, pelos seus frutos* (MATEUS, 7:15 a 20).

Referências

XAVIER, Francisco Cândido. *Caminho, verdade e vida*. Pelo Espírito Emmanuel – Cap. 122.

_____. *Fonte viva*. Pelo Espírito Emmanuel – Cap. 07.

_____. *Livro da esperança*. Pelo Espírito Emmanuel – Cap. 48.

_____. *Segue-me*. Pelo Espírito Emmanuel – Cap. 80.

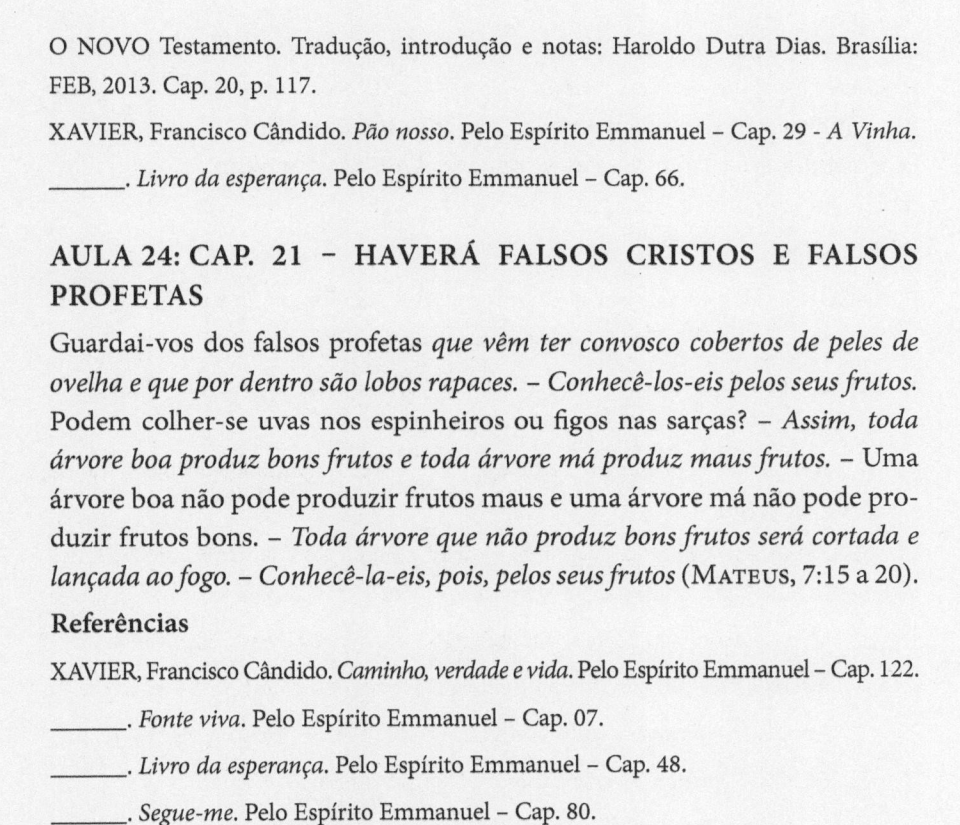

AULA 25: CAP. 22 – NÃO SEPAREIS O QUE DEUS JUNTOU
Indissolubilidade do casamento

Também os fariseus vieram ter com ele para o tentarem e lhe disseram: Será permitido a um homem despedir sua mulher, por qualquer motivo?

– Ele respondeu: Não lestes que aquele que criou o homem desde o princípio os criou macho e fêmea e disse: – Por esta razão, o homem deixará seu pai e sua mãe e se ligará a sua mulher e não farão os dois senão uma só carne? – Assim, já não serão duas, mas uma só carne. Não separe, pois, o homem o que Deus juntou.

Mas, por que então, retrucaram eles, ordenava Moisés que o marido desse a sua mulher um escrito de separação e a despedisse? – Jesus respondeu: Foi por causa da dureza do vosso coração que Moisés permitiu despedísseis vossas mulheres; mas, no começo, não foi assim. – Por isso eu vos declaro que aquele que despede sua mulher, a não ser em caso de adultério, e desposa outra, comete adultério; e que aquele que desposa a mulher que outro despediu também comete adultério (MATEUS, 19:3 a 9).

Referências

FRANCO, Divaldo Pereira. *Vida:* desafios & soluções. Pelo Espírito Joanna de Angelis. 6. ed. Salvador: LEAL, 1997. Cap. 9 – *Relacionamentos saudáveis.*

KARDEC, Allan. *O livro dos espíritos.* Da Lei de Reprodução. Parte Terceira. Capítulo IV. Questões 695 a 701. Tema: Casamento e celibato.

PERALVA, Martins. *O pensamento de Emmanuel.* Cap. 27 – *Casamento e sexo.* Rio de Janeiro: FEB, 1973.

XAVIER, Francisco Cândido. *Caminho, verdade e vida.* Pelo Espírito Emmanuel. Rio de Janeiro: FEB, 2005. Capítulos 12 - *Educação no lar;* 175 - *Cooperação.* Cap. 76 e 164.

_____. *O consolador.* Pelo Espírito Emmanuel - Cap. *Afeição, Dever.* FEB, 2008.

_____. *A família, o espírito e o tempo* – autores diversos. Edições USE, 1996.

_____. *Família & espiritismo.* Autores diversos. Edições USE, 2000.

_____. *Família.* Espíritos Diversos. Cultura Espírita União, 1981.

_____. *Luz no lar.* Espíritos diversos. Rio de Janeiro: FEB, 2010.

_____. *Nosso Lar.* Pelo Espírito André Luiz. Ed. Comemorativa. Rio de Janeiro: FEB. Cap. 20. *Noções de lar.*

_____. *Pensamento e vida.* Pelo Espírito Emmanuel 18. ed. Rio de Janeiro: FEB, 2008. Cap. 12 - *Família* e 13 - *Filhos.*

_____. *Segue-me.* Pelo Espírito Emmanuel. 13. ed. O Clarim, 2011. Cap. *Direito.*

_____. *Vida e sexo.* Pelo Espírito Emmanuel. 26. ed. FEB, 2008.

AULA 26: CAP. 23 – ESTRANHA MORAL

Disse-lhe outro: Senhor, eu te seguirei; mas, permite que, antes, disponha do que tenho em minha casa. – Jesus lhe respondeu: Quem quer que, tendo posto a mão na charrua, olhar para trás, não está apto para o reino de Deus (LUCAS, 9:61 e 62).

Referências

XAVIER, Francisco Cândido. *Pão nosso*. Pelo Espírito Emmanuel. Cap. 03.

AULA 27: CAP. 24 – NÃO PONHAIS A CANDEIA DEBAIXO DO ALQUEIRE

Aproximando-se, disseram-lhe os discípulos: Por que lhes falas por parábolas? – Respondendo-lhes, disse ele: É porque, a vós outros, foi dado conhecer os mistérios do reino dos céus; mas, a eles, isso não lhes foi dado1. Porque, aquele que já tem, mais se lhe dará e ele ficará na abundância; aquele, entretanto, que não tem, mesmo o que tem se lhe tirará. – Falo-lhes por parábolas, porque, vendo, não veem e, ouvindo, não escutam e não compreendem. – E neles se cumprirá a profecia de Isaías, que diz: Ouvireis com os vossos ouvidos e não escutareis; olhareis com os vossos olhos e não vereis. Porque, o coração deste povo se tornou pesado, e seus ouvidos se tornaram surdos e fecharam os olhos para que seus olhos não vejam e seus ouvidos não ouçam, para que seu coração não compreenda e para que, tendo-se convertido, eu não os cure (MATEUS, 13:10 a 15).

Referências

XAVIER, Francisco Cândido. *Bênção de paz*. Pelo Espírito Emmanuel. Cap. 52.

AULA 28: CAP. 25 – BUSCAIS E ACHAREIS

Ao entrardes em qualquer cidade ou aldeia, procurai saber quem é digno de vos hospedar e ficai na sua casa até que partais de novo. – Entrando na casa, saudai-a assim: Que a paz seja nesta casa. Se a casa for digna disso, a vossa paz virá sobre ela; se não o for, a vossa paz voltará para vós. Quando alguém não vos queira receber, nem escutar, sacudi, ao sairdes dessa casa ou cidade, a poeira dos vossos pés. – Digo-vos, em verdade: no dia do juízo, Sodoma e Gomorra serão tratadas menos rigorosamente do que essa cidade (MATEUS, 10:9 a 15).

Referências

ABREU, Honório Onofre. *Luz imperecível*: estudo interpretativo do evangelho à luz da Doutrina Espírita. 6. ed. Belo Horizonte: União Espírita Mineira, 2009. Cap. 48 – *Hospedagem*; cap. 49 – *Saudação Cristã*; cap. 50 – *No Cultivo da Paz* e cap. 51 – *Suscetibilidade e Reajuste*.

XAVIER, Francisco Cândido. *Pão nosso*. Pelo Espírito Emmanuel. Cap. 71.

AULA 29: CAP. 26 – DAI GRATUITAMENTE O QUE GRATUITAMENTE RECEBESTES

Mercadores expulsos do templo

Eles vieram em seguida a Jerusalém, e Jesus, entrando no templo, começou por expulsar dali os que vendiam e compravam; derribou as mesas dos cambistas e os bancos dos que vendiam pombos; – e não permitiu que alguém transportasse qualquer utensílio pelo templo. – Ao mesmo tempo os instruía, dizendo: Não está escrito: Minha casa será chamada casa de oração por todas as nações? Entretanto, fizestes dela um covil de ladrões! – Os príncipes dos sacerdotes, ouvindo isso, procuravam meio de o perderem, pois o temiam, visto que todo o povo era tomado de admiração pela sua doutrina (MARCOS, 11:15 a 18; MATEUS, 21:12 e 13).

Referências

ABREU, Honório Onofre. *Luz imperecível*: estudo interpretativo do evangelho à luz da Doutrina Espírita. 6. ed. Belo Horizonte: União Espírita Mineira, 2009. Cap.124 – Assepsia da Alma; cap. 125 – Interesses; cap. 126 – Casa de Oração; e cap. 127 – Segurança.

AULA 30: CAP. 27 – PEDI E OBTEREIS

Se eu não entender o que significam as palavras, serei um bárbaro para aquele a quem falo e aquele que me fala será para mim um bárbaro. – Se oro numa língua que não entendo, meu coração ora, mas a minha inteligência não colhe fruto. – Se louvais a Deus apenas de coração, como é que um homem do número daqueles que só entendem a sua própria língua responderá amém no fim da vossa ação de graças, uma vez que ele não entende o que dizeis? – Não é que a vossa ação não seja boa, mas os outros não se edificam com ela (I CORÍNTIOS, 14:11,14, 16 e17).

Referências

KARDEC, Allan. *O evangelho segundo o espiritismo*. 131. ed. 1. imp. ed. hist. Brasília: FEB, 2013.

AULA 31: CAP. 28 – COLETÂNEA DE PRECES ESPÍRITAS

Onde quer que se encontrem duas ou três pessoas reunidas em meu nome, eu com elas estarei. (MATEUS, 18:20.)

Referências

XAVIER, Francisco Cândido. *Segue-me*. Pelo Espírito Emmanuel. Cap. 61.

AULA 32: - *O EVANGELHO SEGUNDO O ESPIRITISMO* E IMPLEMENTAÇÕES COM BASE EM ORIENTAÇÃO AO CENTRO ESPÍRITA E ORIENTAÇÃO AOS ÓRGÃOS DE UNIFICAÇÃO. MISSÃO DO ESPIRITISMO E DOS ESPÍRITAS.

Referências

CFN/FEB. *Orientação ao Centro Espírita*. 1. ed. Federação Espírita Brasileira. 2007.

CFN/FEB. *Orientação aos Órgãos de Unificação*. 1. ed. Federação Espírita Brasileira. 2010.

AULA 33: JESUS, GUIA E MODELO

AULA 34: ENCERRAMENTO E CONFRATERNIZAÇÃO.

BIBLIOGRAFIA BÁSICA

• **Livros espíritas**

ABREU, Honório Onofre. *Luz imperecível. Estudo interpretativo do evangelho à luz da Doutrina Espírita*. Ed. UEM.

FRANCO, Divaldo Pereira. Obras do Espírito Amélia Rodrigues: *Primícias do reino, Quando voltar a primavera, Pelos caminhos de Jesus, Sou eu*.

KARDEC, Allan. Obras básicas.

_____. *O evangelho segundo o espiritismo*. 131. ed. 1. imp. (edição histórica) Brasília: FEB, 2013.

MINIMUS. *Síntese de O Novo Testamento*. 6. ed. Rio de Janeiro: FEB, 1998. Elaborada por Antônio Wantuil de Freitas.

O NOVO Testamento. Tradução, introdução e notas de Haroldo Dutra Dias. Brasília: FEB, 2013.

VINÍCIUS. *Em torno do mestre*. 10. ed. Rio de Janeiro: FEB, 2009.

_____. *O Mestre na educação*. 10. ed. Rio de Janeiro: FEB, 2009.

_____. *Na seara do Mestre*. 0. ed. Rio de Janeiro: FEB, 2009.

_____. *Nas pegadas do Mestre.* 12. ed. Rio de Janeiro: FEB, 2009.

XAVIER, Francisco Cândido. Obras do Espírito Emmanuel: *Paulo e Estêvão; Há dois mil anos; 50 Anos depois; Ave Cristo!; Renúncia; Pão nosso; Vinha de luz; Fonte viva; Caminho, verdade e vida; Ceifa de luz; Palavras de vida eterna* (CEC); *Segue-me* (O Clarim).

_____. Obras do Espírito Humberto de Campos/Irmão X: *Boa Nova, Crônicas de além-túmulo, Contos desta e doutra vida; Luz acima; Cartas e crônicas; Estante da vida; Contos e apólogos.*

_____. Obras do Espírito Neio Lúcio: *Jesus no lar.* Entre outras.

- **Bíblias de estudo – com referências e notas explicativas**

BÍBLIA de Jerusalém: nova edição, revista e ampliada. São Paulo: Paulus, 2011.

BÍBLIA do peregrino. 3. ed. São Paulo: Paulus, 2011.

BÍBLIA: tradução ecumênica da Bíblia (TEB). São Paulo: Loyola, 1994.

- **Dicionários bíblicos**

BOYLER, Orlando. *Pequena enciclopédia bíblica.* 8. ed. São Paulo: Vida, 2011.

DAVIS, John D. *Novo dicionário da Bíblia.* Ed. ampl. e atual. São Paulo: Hagnos, 2005.

VAN DEN BORN, A. (Org.). *Dicionário enciclopédico da Bíblia.* 6. ed. Petrópolis: Vozes, 2004.

- **Atlas bíblico**

LAWRENCE, Paul. *Atlas histórico e geográfico da Bíblia.* Barueri: Sociedade Bíblica do Brasil, 2008.

- **Manual bíblico**

MANUAL bíblico SBB. Barueri: Sociedade Bíblica do Brasil, 2008.

- **Concordância bíblica**

CONCORDÂNCIA bíblica. Barueri: Sociedade Bíblica do Brasil, 2010. Compatível com a tradução da Bíblia de João Ferreira de Almeida "revista e atualizada".

CAPÍTULO 12

*

REFERÊNCIAS BÍBLICAS EM *O EVANGELHO SEGUNDO O ESPIRITISMO*

Flávio Rey de Carvalho

Para a elaboração desta lista, recorreu-se à versão original impressa, da 3ª edição francesa de 1866, de *O evangelho segundo o espiritismo*.[19]

Verificou-se as indicações dos capítulos e dos versículos, assim como a ordem em que os seus conteúdos foram transcritos por Kardec, valendo-se do Novo Testamento e do Velho Testamento, ambos na tradução – utilizada pelo codificador[20] – de Le Maistre de Sacy.[21]

---

19 KARDEC, Allan. *L'Évangile selon Le Spiritisme*: contenant l'explication des maxims morales du Christ leur concordance avec le Spiritisme et leur application aux diverses positions de la vie. 3. ed. Revue, corrigé et modifiée. Paris: Dentu, Fréd, Henri, 1866. Subsidiariamente, recorreu-se também à versão original impressa, da 1ª edição francesa de 1864: _____. *Imitation de L'Évangile selon Le Spiritisme*: contenant l'explication des maxims morales du Christ leur concordance avec le Spiritisme et leur application aux diverses positions de la vie. Paris: Ledoyen, Dentu, Fréd, Henri, 1864.

20 Nota do autor: Conforme foi explicado por Allan Kardec, na introdução de *O evangelho segundo o espiritismo*: "[...] respeitamos escrupulosamente a tradução original de Sacy, assim como a divisão em versículos". Cf. KARDEC, Allan. *O evangelho segundo o espiritismo*: com explicações das máximas morais do Cristo em concordância com o Espiritismo e suas aplicações às diversas circunstâncias da vida. Tradução de Guillon Ribeiro da 3ª edição francesa, revista, corrigida e modificada pelo autor em 1866. 131. ed. (Edição Histórica). Brasília: FEB, 2013, p. 18 (Introdução, item 1 – "Objetivo desta obra").

21 LA SAINT BIBLE traduite sur le latin de La Vulgate par Lemaistre de Sacy pour L'Ancien Testament et par Le P. Lallemant pour Le Nouveau Testament. Accompagneé de nombreuses notes explicatives par M. l'abbé Delaunay. 10. ed. Paris: L. Curmer, 1860, 5v; *Le ouveau Testament de Notre-Seigneur Jésus-Christ*: traduit sur la Vulgate par Lemaistre de Sacy. Bruxelles: Société Biblique Brittanique et Étrangère, 1846.

Oportunamente foram indicadas algumas adequações pontuais – acompanhadas de breves comentários explicativos –, facilitando a identificação desses excertos em edições mais recentes do Novo Testamento – como, por exemplo, a tradução feita por Haroldo Dutra Dias (O NOVO Testamento, 2013) – e do Velho Testamento.

Em função de Allan Kardec indicar, não raro, mais de uma referência para muitos dos trechos bíblicos que aparecem reproduzidos ao longo de O evangelho segundo o espiritismo, optou-se por assinalar – em negrito – aquelas cujos conteúdos correspondem, em termos literais, às transcrições presentes ao longo da obra.

Para a indicação dos títulos dos capítulos de O evangelho segundo o espiritismo, adotou-se a tradução de Guillon Ribeiro (KARDEC, 2013).

12.1 REFERÊNCIAS DO NOVO TESTAMENTO

CAPÍTULO 1 – NÃO VIM DESTRUIR A LEI

§1 – *(Saint Matthieu, ch. V, v. 17, 18.)* – leia-se: (**MATEUS, 5:17 e 18**).

CAPÍTULO 2 – MEU REINO NÃO É DESTE MUNDO

§1 – *(Saint Jean, ch. XVIII, v. 33, 36, 37.)* – leia-se: (**JOÃO, 18:33, 36 e 37**).

CAPÍTULO 3 – HÁ MUITAS MORADAS NA CASA DE MEU PAI

§1 – *(Saint Jean, ch. XIV, v. 1, 2, 3.)* – leia-se: (**JOÃO, 14:1 a 3**).

CAPÍTULO 4 – NINGUÉM PODERÁ VER O REINO DE DEUS SE NÃO NASCER DE NOVO

§1 – *(Saint Matthieu, ch. XVI, v. de 13 à 17; saint Marc, ch. VIII, v. 27 à 30)* – leia-se: (**Mateus, 16:13 a 17;** Marcos, 8:27 a 30).

Observação: No item em questão, Kardec transcreveu somente o conteúdo de Mateus, 16:13 a 17. O codificador também indicou Marcos, 8:27-30, por ser passagem concordante ao trecho transcrito.

§2 – *(Saint Marc, ch. VI, v. 14, 15; saint Luc, ch. IX, v. 7, 8, 9.)* – leia-se: (Marcos, 6:14 e 15; **Lucas, 9:7 a 9**).

Observação: No item em questão, Kardec transcreveu somente o conteúdo de Lucas, 9:7 a 9. O codificador também indicou Marcos, 6:14 e 15, por ser passagem concordante ao trecho transcrito.

§3 – *(Saint Matthieu, ch. XVII, v, [sic] de 10 à 13; saint Marc, ch. IX, v. 10, 11, 12.)* – leia-se: (**Mateus, 17:10 a 13;** Marcos, 9:11 a 13).

Observação: Tanto na primeira edição (1864) quanto na terceira (1866) de O evangelho segundo o espiritismo, Allan Kardec enumerou os versículos do capítulo 9 de Marcos, supracitados, como sendo 10, 11 e 12. Após consultar algumas edições mais recentes de O Novo Testamento, inclusive a tradução de Haroldo Dutra Dias, constatou-se que esses versículos apresentam conteúdos idênticos aos atuais versículos 11, 12 e 13. Isso se deve ao fato de Kardec ter seguido a divisão de versículos constante na tradução de Sacy do Novo Testamento – obra bastante difundida na França daquela época. O texto traduzido por Sacy – conforme se pôde verificar em uma edição impressa em 1846 –, apresenta o capítulo 9 de Marcos com um total de 49 versículos; já o capítulo anterior conta com um montante de 39. Em contrapartida, as versões mais atuais do Novo Testamento – como a tradução feita por Haroldo Dutra Dias – costumam apresentar o capítulo 9 de Marcos com 50 versículos e, correlativamente, o capítulo 8 com 38 versículos. Após a análise do texto de cada um desses capítulos – tanto em edições mais atuais quanto na tradução de Sacy –, verificou-se que as diferenças existentes se devem ao deslocamento de um versículo: do versículo que atualmente dá início ao capítulo 9 para o final do capítulo precedente, passando ele a ser o último versículo deste. Por esse motivo, o conteúdo dos versículos indicados por Kardec (v. 10, 11 e 12), é o mesmo que, atualmente, numera-se como 11, 12 e 13. Ademais, no item em questão, Kardec transcreveu somente o conteúdo de Mateus, *17:10 a 13. O codificador também indicou Marcos, 9:11-13, por ser passagem concordante ao trecho transcrito.*

§5 – *(Saint Jean, ch. III, v. 1 à 12.)* – leia-se: (**João, 3:1 a 12**).

§10 – *(Saint Matthieu, ch. XI, v. 12 à 15.)* – leia-se: (**Mateus, 11:12 a 15**).

CAPÍTULO 5 – BEM-AVENTURADOS OS AFLITOS

§1 – *(Saint Matthieu, ch. V, v. 5, 6, 10.)* – leia-se: (**Mateus, 5:4, 6, 10**).

Observação: Na tradução de Sacy do Novo Testamento – e, consequentemente, tanto na primeira edição (1864) quanto na terceira (1866) de O evangelho segundo o espiritismo – é indicado o versículo 5 como sendo "bem-aventurados os que choram" (isto é, os "aflitos"), todavia, em outras versões da Boa-Nova, inclusive a tradução de Haroldo Dutra Dias, o tema aparece inserido no versículo 4. Sobre a questão, Haroldo Dutra Dias considerou: "Alguns manuscritos invertem a ordem dos versículos 4 e 5. A crítica textual aconselha a manutenção da ordem familiar, embora alguns especialistas defendam a ideia de que a inversão corresponde ao texto original." Cf. O NOVO Testamento. Tradução, introdução e notas: Haroldo Dutra Dias. Brasília: FEB, 2013, p. 49.

§2 – *(Saint Luc, ch. VI, v. 20, 21.)* e *(Saint Luc, ch. VI, v. 24, 25.)* – leia-se: (**Lucas, 6:20 e 21**) e (**Lucas, 6:24 e 25**).

CAPÍTULO 6 – O CRISTO CONSOLADOR

§1 – *(Saint Matthieu, ch. XI, v. 28, 29, 30.)* – leia-se: (**Mateus, 11:28 a 30**).

§3 – *(Saint Jean, ch. XIV, v. 15, 16, 17, 26.)* – leia-se: (**João, 14:15 a 17, 26**).

CAPÍTULO 7 – BEM-AVENTURADOS OS POBRES DE ESPÍRITO

§1 – *(Saint Matthieu, ch. V, v. 3.)* – leia-se: (**Mateus, 5:3**).

§3 – *(Saint Matthieu, ch. XVIII, v. 1 à 5.)* – leia-se: (**Mateus, 18:1 a 5**).

§4 – *(Saint Matthieu, ch. XX, v. de 20 à 28)* – leia-se: (**Mateus, 20:20 a 28**).

§5 – *(Saint Luc, ch. XIV, v. 1 et de 7 à 11.)* – leia-se: (**Lucas, 14:1, 7 a 11**).

§7 – *(Saint Matthieu, ch. XI, v. 25.)* – leia-se: (**Mateus, 11:25**).

CAPÍTULO 8 – BEM-AVENTURADOS OS QUE TÊM PURO O CORAÇÃO

§1 – *(Saint Matthieu, ch. V, v. 8)* – leia-se: (**Mateus, 5:8**).

§2 – *(Saint Marc, ch. X, v. 13 à 16.)* – leia-se: (**Marcos, 10:13 a 16**).

§5 – *(Saint Matthieu, ch. V, v. 27 et 28.)* – leia-se: (**Mateus, 5:27 a 28**).

§8 – *(Saint Matthieu, ch. XV, v. de 1 à 20.)* – leia-se: (**Mateus, 15:1 a 14, 18 a 21**).

Observação: Após comparar a transcrição feita por Allan Kardec com o texto do Novo Testamento de Sacy, constatou-se que o codificador alterou a ordem de alguns versículos e descartou o emprego de outros. Desse modo, Kardec transcreveu, em sequência, os versículos de 1 a 11; em seguida, os versículos 18, 19 e 20; para finalizar, foram reproduzidos os versículos 12, 13, e 14, descartando-se os versículos 15, 16 e 17. Portanto, a ordem efetivamente adotada por Kardec, em termos literais, consiste na transcrição, em sequência, dos versículos: 1 a 11; 18 a 20; 12 a 14.

§9 – *(Saint Luc, ch. XI, v. de 37 à 40.)* – leia-se: (**Lucas, 11:37 a 40**).

§11 – *(Saint Matthieu, ch. XVIII, v. de 6 à 10. – Ch. V, v. 27 à 30.)* – leia-se: (**Mateus, 18:6 a 11; 5:27 a 30**).

Observação: Após comparar a transcrição feita por Allan Kardec com o texto do Novo Testamento de Sacy, constatou-se que os versículos de 27 a 30, do capítulo 5 de Mateus, *foram somente indicados – mas não transcritos – por Allan Kardec, por consistirem em passagens que apresentam conteúdos concordantes aos trechos reproduzidos no item em questão. Com relação à indicação dos trechos reproduzidos – isto é, os versículos de 6 a 10, do capítulo 18 de* Mateus –, *acrescentou-se o versículo 11, também utilizado pelo codificador, mas não referenciado. Fora isso, salienta-se que Kardec alterou a ordem de alguns versículos durante a sua transcrição. Desse modo, a reprodução feita pelo codificador apresenta os versículos do capítulo 18 de* Mateus, *na seguinte ordem: 7, 6, 10, [11], 8 e 9.*

CAPÍTULO 9 – BEM-AVENTURADOS OS QUE SÃO BRANDOS E PACÍFICOS

§1 – *(Saint Matthieu, ch. V, v. 4.)* – leia-se: (**Mateus, 5:5**).

Observação: Na tradução de Sacy do Novo Testamento – e, consequentemente, tanto na primeira edição (1864) quanto na terceira (1866) de O evangelho segundo o espiritismo *– é indicado o versículo 4 como sendo "bem-aventurados os mansos", todavia, em outras versões da Boa-Nova, inclusive a tradução de Haroldo Dutra Dias, o tema aparece inserido no versículo 5. Sobre a questão, Haroldo Dutra Dias considerou: "Alguns manuscritos invertem a ordem dos versículos 4 e 5. A crítica textual aconselha a manutenção da ordem* *familiar, embora alguns especialistas defendam a ideia de que a inversão corresponde ao texto original."* Cf. O NOVO Testamento. Tradução, introdução e notas: Haroldo Dutra Dias. Brasília: FEB, 2013, p. 49.

§2 – *(Id., v. 9.)* – leia-se: (**Mateus**, 5:9).

§3 – *(Id., v. 21, 22.)* – leia-se: (**Mateus**, 5:21 e 22).

CAPÍTULO 10 – BEM-AVENTURADOS OS QUE SÃO MISERICORDIOSOS

§1 – *(Saint Matthieu, ch. V, v. 7.)* – leia-se: (**Mateus**, 5:7).

§2 – *(Id., ch. VI, v. 14, 15.)* – leia-se: (**Mateus**, 6:14 e 15).

§3 – *(Id., ch. XVIII, v. 15, 21, 22.)* – leia-se: (**Mateus**, 18:15, 21 e 22).

§7 – *(Saint Matthieu, ch. V, v. 23, 24.)* – leia-se: (**Mateus**, 5:23 e 24).

§9 – *(Saint Matthieu, ch. VII, v. 3, 4, 5.)* – leia-se: (**Mateus**, 7:3 a 5).

§11 – *(Saint Matthieu, ch. VII, v. 1, 2.)* – leia-se: (**Mateus**, 7:1 e 2).

§12 – *(Saint Jean, ch. VIII, v. de 3 à 11.)* – leia-se: (**João**, 8:3 a 11).

CAPÍTULO 11 – AMAR AO PRÓXIMO COMO A SI MESMO

§1 – *(Saint Matthieu, ch. XXII, v. 34 à 40.)* – leia-se: (**Mateus**, 22:34 a 40).

§2 – *(Id., ch. VII, v. 12.)* e *(Saint Luc, ch. VI, v. 31.)* – leia-se: (**Mateus**, 7:12) e (**Lucas**, 6:31).

§3 – *(Saint Matthieu, ch. XVIII, v. de 23 à 35.)* – leia-se: (**Mateus**, 18:23 a 35).

§5 – *(Saint Matth., ch. XXII, v. de 15 à 22; saint Marc, ch. XII, v. de 13 à 17.)* – leia-se: (**MATEUS, 22:15 a 22;** MARCOS, 12:13 a 17).

Observação: No item em questão, Kardec transcreveu somente o conteúdo de Mateus, 22:15 a 22. O codificador também indicou Marcos, 12:13-17, por ser passagem concordante ao trecho transcrito.

CAPÍTULO 12 – AMAI OS VOSSOS INIMIGOS

§1 – *(Saint Matthieu, ch. V, v. 20 et de 43 à 47.)* – leia-se: (**MATEUS, 5:20, 43 a 47**).

Observação: Após comparar a transcrição feita por Allan Kardec com o texto do Novo Testamento de Sacy, constatou-se que o codificador optou por transcrever os trechos referenciados na seguinte ordem: primeiramente, os versículos de 43 a 47, sendo eles sucedidos pelo versículo 20.

§2 – *(Saint Luc, ch. VI, v. de 32 à 36.)* – leia-se: (**LUCAS, 6:32 a 36**).

§7 – *(Saint Matthieu, ch. V, v. 38 à 42.)* – leia-se: (**MATEUS, 5:38 a 42**).

CAPÍTULO 13 – NÃO SAIBA A VOSSA MÃO ESQUERDA O QUE DÊ A VOSSA MÃO DIREITA

§1 – *(Saint Matthieu, ch. VI, v. de 1 à 4.)* – leia-se: (**MATEUS, 6:1 a 4**).

§2 – *(Saint Matthieu, ch. VIII, v. 1 à 4.)* – leia-se: (**MATEUS, 8:1 a 4**).

§5 – *(Saint Marc, ch. XII, v. de 41 à 44. – Saint Luc, ch. XXI, v. de 1 à 4.)* – leia-se: (**MARCOS, 12:41 a 44;** LUCAS, 21:1 a 4).

Observação: No item em questão, Kardec transcreveu somente o conteúdo de Marcos, 12:41 a 44. O codificador também indicou Lucas, 21:1 a 4, por ser passagem concordante ao trecho transcrito.

§7 – *(Saint Luc, ch. XIV, v. de 12 à 15.)* – leia-se: (**Lucas**, 14:12 a 15).

CAPÍTULO 14 – HONRAI A VOSSO PAI E A VOSSA MÃE

§1 – *(Saint Marc, ch. X, v. 19; saint Luc, ch. XVIII, v. 20; saint Matthieu, ch. XIX, v. 19.)* – leia-se: (**Marcos, 10:19**; Lucas, 18:20; Mateus, 19:19).

Observação: No item em questão, Kardec transcreveu somente o conteúdo de Marcos, 10:19. O codificador também indicou Lucas, 18:20, e Mateus, 19:19, por serem passagens concordantes ao trecho transcrito.

§5 – *(Saint Marc, ch. III, v. 20, 21 et de 31 à 35; saint Matthieu, ch. XII, v. 46 à 50.)* – leia-se: (**Marcos, 3:20 a 21, 31 a 35**; Mateus, 12:46 a 50).

Observação: No item em questão, Kardec transcreveu somente o conteúdo de Marcos, 3:20-21, 31-35. O codificador também indicou Mateus, 12:46 a 50, por ser passagem concordante ao trecho transcrito.

CAPÍTULO 15 – FORA DA CARIDADE NÃO HÁ SALVAÇÃO

§1 – *(Saint Matthieu, ch. XXV, v. 31-46.)* – leia-se: (**Mateus, 25:31 a 46**).

§2 – *(Saint Luc, ch. X, v. de 25 à 37.)* – leia-se: (**Lucas, 10:25 a 37**).

§4 – *(Saint Matthieu, ch. XXII, v. de 34 à 40.)* – leia-se: (**Mateus, 22:34 a 40**).

§6 – *(Saint Paul, 1ʳᵉ Épître aux Corinthiens, ch. 13, v. 1 à 7 et 13.)* – leia-se: (**Paulo, 1ª Epístola aos Coríntios, 13:1 a 7 e 13**).

CAPÍTULO 16 – NÃO SE PODE SERVIR A DEUS E A MAMON

§1 – *(Saint Luc, ch. XVI, v. 13.)* – leia-se: (**Lucas, 16:13**).

Observação: Mediante o cotejamento feito com o texto do Novo Testamento de Sacy, constatou-se que o final do versículo 13, do capítulo 16 de Lucas, foi modificado ao ser transcrito por Kardec – tanto na primeira edição (1864) quanto na terceira (1866) de O evangelho segundo o espiritismo. *Em sua transcrição, o codificador optou por substituir a palavra "dinheiro" – que, no texto de Sacy, finaliza o versículo em questão – por "Mamon". Segundo Haroldo Dutra Dias o termo "mâmon" é uma "Palavra de origem aramaica que significa 'recursos, posses, riqueza', de qualquer espécie, seja dinheiro, imóvel, escravos, ou outros bens. Os lexicógrafos da língua aramaica sustentam que essa palavra, possivelmente, seja derivada da raiz 'aman (o que é confiado/aquilo que se confia)', para expressar tudo aquilo que é confiado ao homem por Deus. Nos escritos rabínicos significa, não somente 'dinheiro', mas todos os recursos, todas as posses de um homem, tudo aquilo que ele possui além do seu corpo e da sua vida, ou seja, tudo aquilo que pode ser convertido em dinheiro, que pode ser calculado." Cf. O NOVO Testamento. Tradução, introdução e notas: Haroldo Dutra Dias. Brasília: FEB, 2013, p. 341. Segue a transcrição do final do versículo 13, conforme consta em Sacy: "[...] Vous ne pouvez servir tout ensemble Dieu et l'argent."; já em Kardec aparece: "[...] Vous ne pouvez servir tout ensemble Dieu et Mammon".*

§2 – *(Saint Mathieu, ch. XIX, v. 16 à 24. – Saint Luc, ch. XVIII, v. de 18 a 25. – Saint Marc, ch. X, v. de 17 à 25.)* – leia-se: (**Mateus, 19:16 a 24**; **Lucas, 18:18 a 25**; **Marcos, 10:17 a 25**).

Observação: No item em questão, Kardec transcreveu somente o conteúdo de Mateus, 19:16 a 24. O codificador também indicou Lucas, 18:18 a 25, e Marcos, 10:17 a 25, por serem passagens concordantes ao trecho transcrito.

§3 – *(Saint Luc, ch. XII, v. 13 à 21.)* – leia-se: (**Lucas, 12:13 a 21**).

§4 – *(Saint Luc, ch. XIX, v. de 1 à 10.)* – leia-se: (**Lucas, 19:1 a 10**).

§5 – *(Saint Luc, ch. XVI, v. de 19 à 31.)* – leia-se: (**Lucas, 16:19 a 31**).

§6 – *(Saint Matthieu, ch. XXV, v. de 14 à 30.)* – leia-se: (**Mateus, 25:14 a 30**).

CAPÍTULO 17 – SEDE PERFEITOS

§1 – *(Saint Matthieu, ch. V, v. 44, 46, 47, 48.)* – leia-se: (**Mateus, 5:44, 46, 47 e 48**).

§5 – *(Saint Matthieu, ch. XIII, v. 1 à 9)* e *(Saint Matthieu, ch. XIII, v. de 18 à 23.)* – leia-se: (**Mateus, 13:1 a 9**) e (**Mateus, 13:18 a 23**).

CAPÍTULO 18 – MUITO OS CHAMADOS, POUCOS OS ESCOLHIDOS

§1 – *(Saint Matthieu, ch. XXII, v. de 1 à 14.)* – leia-se: (**Mateus, 22:1 a 14**).

§3 – *(Matthieu, ch VII, v. 13, 14.)* – leia-se: (**Mateus, 7:13 e 14**).

§4 – *(Saint Luc, ch. XIII, v. de 23 à 30.)* – leia-se: (**Lucas, 13:23 a 30**).

§6 – *(Saint Matthieu, ch. VII, v. 21, 22, 23.)* – leia-se: (**Mateus, 7:21 a 23**).

§7 – *(Saint Matthieu, ch. VII, v. de 24 à 27. – Saint Luc, ch. VI, v. 46 à 49.)* – leia-se: (**Mateus, 7:24 a 27; Lucas, 6:46 a 49**).

Observação: No item em questão, Kardec transcreveu somente o conteúdo de Mateus, 7:24 a 27. *O codificador também indicou* Lucas, 6:46 a 49, *por ser passagem concordante ao trecho transcrito.*

§8 – *(Saint Matthieu, ch. V, v. 19.)* – leia-se: (**Mateus, 5:19**).

§10 – *(Saint Luc, ch. XII, v. 47, 48.)* – leia-se: (**Lucas, 12:47 e 48**).

§11 – *(Saint Jean, ch. IX, v. 39, 40, 41.)* – leia-se: (**João, 9:39 a 41**).

§13 – *(Saint Matthieu, ch. XIII, v. 10 à 14.)* – leia-se: (**Mateus, 13:10 a 14**).

§14 – *(Saint Marc, ch. IV, v. 24, 25.)* – leia-se: (**Marcos, 4:24 e 25**).

CAPÍTULO 19 – A FÉ TRANSPORTA MONTANHAS

§1 – *(Saint Matthieu, ch. XVII, v. de 14 à 19.)* – leia-se: (**Mateus, 17:14 a 20**).

Observação: Tanto na primeira edição (1864) quanto na terceira (1866) de O evangelho segundo o espiritismo, Kardec referenciou o trecho em questão, como sendo a transcrição dos versículos de 14 a 19, do capítulo 17 de Mateus. Após consultar algumas edições mais recentes do Novo Testamento, inclusive a tradução de Haroldo Dutra Dias, constatou-se que esses versículos apresentam conteúdos idênticos aos atuais versículos de 14 a 20. Durante essa consulta, verificou-se que, na tradução de Sacy, o capítulo 17 de Mateus é constituído por 26 versículos. Nas versões mais recentes consultadas, o mesmo capítulo integra 27 versículos. Após a análise desses versículos, comparando-se os conteúdos e a divisões presentes em cada uma dessas edições, constatou-se que o versículo 14, na versão de Sacy, engloba os conteúdos dos atuais versículos 14 e 15 – alterando os números (para um a menos) dos versículos subsequentes presentes no capítulo 17 de Mateus. Desse modo, em termos de conteúdo, os versículos de 14 a 19, transcritos por Kardec, equivalem aos versículos de 14 a 20 de edições mais recentes do Novo Testamento.

§8 – *(Saint Marc, ch. XI, v. 12, 13, 14, et de 20 à 23.)* – leia-se: (**Marcos, 11: 12 a 14, 20 a 23**).

CAPÍTULO 20 – OS TRABALHADORES DA ÚLTIMA HORA

§1 – *(Saint Matthieu, ch. XX, v. de 1 à 16. Voir aussi: Parabole Du festin de noces, ch. XVIII, nº 1.)* – leia-se: (**Mateus, 20:1 a 16**). Veja também:

Parábola do festim das bodas (MATEUS, 22:1 a 14), cap. 18, §1, de *O evangelho segundo o espiritismo*.

CAPÍTULO 21 – HAVERÁ FALSOS CRISTOS E FALSOS PROFETAS

§1 – *(Saint Luc, ch. VI, v. 43, 44, 45.)* – leia-se: (LUCAS, 6:43 a 45).

§2 – *(Saint Matthieu, ch. VII, v. 15 à 20.)* – leia-se: (MATEUS, 7:15 a 20).

§3 – *(Saint Matthieu, ch. XXIV, v. 4, 5, 11, 12, 13, 23, 24. – Saint Marc, ch. XIII, v. 5, 6, 21, 22.)* – leia-se: (MATEUS, 24:4, 5, 11,13, 23 e 24; MARCOS, 13:5 e 6, 21 e 22).

Observação: No item em questão, Kardec transcreveu somente o conteúdo de Mateus, 24:4 e 5, 11 a 13, 23 e 24. *O codificador também indicou* Marcos, 13:5 e 6, 21 e 22, *por serem passagens concordantes ao trecho transcrito.*

§6 – *(Saint Jean, épître 1ʳᵉ, chap. IV, v. 1.)* – leia-se: (JOÃO, 1ª Epístola, 4:1).

CAPÍTULO 22 – NÃO SEPAREIS O QUE DEUS JUNTOU

§1 – *(Saint Matthieu, ch. XIX, v. de 3 à 9.)* – leia-se: (MATEUS, 19:3 a 9).

CAPÍTULO 23 – ESTRANHA MORAL

§1 – *(Saint Luc, ch. XIV, v. 25, 26, 27, 33.)* – leia-se: (LUCAS, 14:25 a 27 e 33).

§2 – *(Saint Matthieu, ch. X, v. 37.)* – leia-se: (MATEUS, 10:37).

§4 – *(Saint Matthieu, ch. XIX, v. 29.)* – leia-se: (MATEUS, 19:29).

§5 – *(Saint Luc, ch. XVIII, v. 28, 29, 30.)* – leia-se: (LUCAS, 18:28 a 30).

§6 – *(Saint Luc, ch. IX, v. 61, 62.)* – leia-se: (LUCAS, 9:61 e 62).

§7 – *(Saint Luc, ch. IX, v. 59, 60.)* – leia-se: (**Lucas, 9:59 e 60**).

§9 – *(Saint Matthieu, ch. X, v. 34, 35, 36.)* – (**Mateus, 10:34 a 36**).

§10 – *(Saint Luc, ch. XII, v. de 49 à 53.)* – (**Lucas, 12:49 a 53**).

CAPÍTULO 24 – NÃO PONHAIS A CANDEIA DEBAIXO DO ALQUEIRE

§1 – *(Saint Matthieu, ch. V, v. 15.)* – leia-se: (**Mateus, 5:15**).

§2 – *(Saint Luc, ch. VIII, v. 16, 17.)* – leia-se: (**Lucas, 8:16 e 17**).

§3 – *(Saint Matthieu, ch. XIII, v. de 10 à 15.)* – (**Mateus, 13:10,11, 13 e 15**).

Observação: Após comparar a transcrição feita por Allan Kardec com o texto do Novo Testamento de Sacy, constatou-se que o codificador transcreveu somente os versículos 10, 11, 13, 14 e 15 – do capítulo 13 de Mateus –, estando ausente, portanto, o versículo 12.

§8 – *(Saint Matth., ch. X, v. 5, 6, 7.)* – leia-se: (**Mateus, 10:5 a 7**).

§11 – *(Saint Matthieu, ch. IX, v. 10, 11, 12.)* – leia-se: (**Mateus, 9:10 a 12**).

§13 – *(Saint Matthieu, ch. X, v. 32, 33.)* – leia-se: (**Mateus, 10:32 e 33**).

§14 – *(Saint Luc, ch. IX, v. 26.)* – leia-se: (**Lucas, 9:26**).

§17 – *(Saint Luc, ch. VI, v. 22, 23.)* – leia-se: (**Lucas, 6:22 e 23**).

§18 – *(Saint Marc, ch. VIII, v. de 34 à 36. – Saint Luc, ch. IX, v. 23, 24, 25. – Saint Matthieu, ch. X, v. 39. – Saint Jean, ch. XII, v. 24, 25.)* – leia-se: (**Marcos, 8:34 a 36**; Lucas, 9:23 a 25; Mateus, 10:39; João, 12:24 e 25).

Observação: No item em questão, Kardec transcreveu somente o conteúdo de Marcos, 8:34 a 36. O codificador também indicou Lucas, 9:23 a 25, Mateus, 10:39, e João, 12:24 e 25, por serem passagens concordantes ao trecho transcrito.

CAPÍTULO 25 – BUSCAI E ACHAREIS

§1 – *(Saint Matthieu, ch. VIII, v. de 7 à 11.)* – leia-se: (**Mateus**, 7:7 a 11).

Observação: Após comparar a transcrição feita por Allan Kardec com o texto do Novo Testamento de Sacy, constatou-se que o texto reproduzido pelo codificador está inserido no capítulo 7 – e não no 8 – de Mateus.

§6 – *(Saint Matthieu, ch. VI, v. de 25 à 34.)* – leia-se: (**Mateus**, 6:19 a 21, 25 a 34).

Observação: Após comparar a transcrição feita por Allan Kardec com o texto do Novo Testamento de Sacy, constatou-se que o excerto reproduzido pelo codificador apresenta conteúdos não somente dos versículos 25 a 34, mas, também, dos versículos 19, 20 e 21. Portanto, o trecho transcrito por Kardec, no item em questão, decorre do capítulo 6 de Mateus, versículos de 19 a 21 e de 25 a 34.

§9 e §10 – *(Saint Matthieu, ch. X, v. de 9 à 15.)* – leia-se: (**Mateus**, 10:9 a 15) – sendo §9 (**Mateus**, 10:9 a 10) e §10 (**Mateus**, 10:11 a 15).

CAPÍTULO 26 – DAI GRATUITAMENTE O QUE GRATUITAMENTE RECEBESTES

§1 – *(Saint Matthieu, ch. X, v. 8.)* – leia-se: (**Mateus**, 10:8).

§3 – *(Saint Luc, ch. XX, v. 45, 46, 47. – Saint Marc, ch. XII, v. 38, 39, 40. – Saint Matthieu, ch. XXIII, v. 14.)* – leia-se: (**Lucas**, 20:45 a 47; **Marcos**, 12:38 a 40; **Mateus**, 23:14).

Observação: No item em questão, Kardec transcreveu somente o conteúdo de Lucas, *20:45 a 47. O codificador também indicou Marcos, 12:38 a 40 e Mateus, 23:14, por serem passagens concordantes ao trecho transcrito.*

§5 – *(Saint Marc, ch. XI, v. de 15 à 18. – Saint Matthieu, ch. XXI, v. 12, 13.)* – leia-se: (**Marcos, 11:15 a 18; Mateus, 21:12 e 13**).

Observação: No item em questão, Kardec transcreveu somente o conteúdo de Marcos, *11:15 a 18. O codificador também indicou Mateus, 21:12 e 13, por ser passagem concordante ao trecho transcrito.*

CAPÍTULO 27 – PEDI E OBTEREIS

§1 – *(Saint Matthieu, ch. VI, v. de 5 à 8.)* – leia-se: (**Mateus, 6:5 a 8**).

§2 – *(Saint Marc, ch. XI, v. 25, 26.)* – leia-se: (**Marcos, 11:25 e 26**).

§3 – *(Saint Luc, chap. XVIII, v. de 9 à 14.)* – leia-se: (**Lucas, 18:9 a 14**).

§5 – *(Saint Marc, ch. XI, v. 24.)* – leia-se: (**Marcos, 11:24**).

§16 – *(Saint Paul, Ier aux Corinth., ch. XIV, v. 11, 14, 16, 17.)* – leia-se: (**Paulo, 1ª Epístola aos Coríntios, 14:11, 14, 16 e 17**).

CAPÍTULO 28 – COLETÂNEA DE PRECES ESPÍRITAS

§2 – *(saint Matthieu, ch. V, v. de 9 à 13.)* – leia-se: (**Mateus, 6:9 a 13**) – as transcrições desse trecho de *Mateus* aparecem dispersas no §3 (de I a VII).

Observação: Após comparar as transcrições feitas por Allan Kardec, no §3, com o texto do Novo Testamento de Sacy, constatou-se que o excerto reproduzido pelo codificador está inserido no capítulo 6 – e não no 5 – de Mateus.

§4 – *(Saint Matthieu, ch. XVIII, v. 20.)* – leia-se: (**Mateus, 18:20**).

§8 – *(Actes, ch. II, v. 17, 18.)* – leia-se: (**Atos, 2:17 e 18**).

§15 – *(Saint Matthieu, ch. XIII, v. 25 à 28.)* – leia-se: (**Mateus, 23:25 a 28**).

Observação: Após comparar a transcrição feita por Allan Kardec com o texto do Novo Testamento de Sacy, constatou-se que o excerto reproduzido pelo codificador está inserido no capítulo 23 – e não no 13 – de Mateus.

§50 – *(Saint Matthieu, ch. V, v. 6, 10, 11, 12.)* e *(Saint Matthieu, ch. X, v. 28)* – leia-se: (**Mateus, 5:6, 10 a 12**) e (**Mateus, 10:28**).

12.2 REFERÊNCIAS DO VELHO TESTAMENTO

CAPÍTULO 1 – NÃO VIM DESTRUIR A LEI

§2 – Sobre o *Decálogo* – embora não referenciado por Allan Kardec – veja: (**Êxodo, 20:2 a 5, 7 e 8, 12 a 17; Deuteronômio, 5:6 a 10, 11 e 12, 16 a 21**).

Observação: as referências para o Decálogo (Êxodo, 20:2 a 5, 7 e 8, 12 a 17) foram obtidas mediante a verificação da semelhança – por meio de comparação – entre o texto escrito por Allan Kardec e as passagens do Êxodo, presentes na tradução do Velho Testamento de Sacy. Veja também, facultativamente, Deuteronômio, 5:6 a 9, 11 e 12, 16 a 21, por ser concordante.

CAPÍTULO 4 – NINGUÉM PODERÁ VER O REINO DE DEUS SE NÃO NASCER DE NOVO

§12 – *(Isaïe, ch. XXVI, v. 19.)* – leia-se: (**Isaías, 26:19**).

§14 – *(Job, ch. XIV, v. 10, 14. Traduction de Le Maistre de Sacy.)* – leia-se: (**Jó, 14:10, 14**).

CAPÍTULO 14 – HONRAI A VOSSO PAI E A VOSSA MÃE

§2 – *(Décalogue; Exode, ch. XX, v. 12.)* – leia-se: (**Êxodo, 20:12**). Sobre o "Decálogo" – embora não referenciado por Allan Kardec – veja: (**Êxodo, 20:2 a 7, 7 e 8, 12 a 17; Deuteronômio, 5:6 a 9, 11 e 12, 16 a 21**).

Observação: as referências para o Decálogo (Êxodo, 20:2 a 5, 7 e 8, 12 a 17) foram obtidas mediante a verificação da semelhança – por meio de comparação – entre o texto escrito por Allan Kardec e as passagens do Êxodo, presentes na tradução do Velho Testamento de Sacy. Veja também, facultativamente, Deuteronômio, 5:6 a 9, 11 e 12, 16 a 21, por ser concordante.

CAPÍTULO 21 – HAVERÁ FALSOS CRISTOS E FALSOS PROFETAS

§11 – *(Jérémie, ch. XXIII, v. 16, 17, 18, 21, 25, 26, 33.)* – leia-se: (**Jeremias, 23:16 a 18, 21, 25 a 26, 33**).

REFERÊNCIAS

A BÍBLIA Sagrada: contendo o Velho e o Novo Testamento. Tradução de João Ferreira de Almeida. Ed. rev. e corr. Brasília: SBB, 1969.

KARDEC, Allan. *L'Évangile selon Le Spiritisme*: contenant l'explication des maxims morales du Christ leur concordance avec le Spiritisme et leur application aux diverses positions de la vie. 3. ed. Revue, corrigé et modifiée. Paris: Dentu, Fréd, Henri, 1866.

_____. *Imitation de L'Évangile selon Le Spiritisme*: contenant l'explication des maxims morales du Christ leur concordance avec le Spiritisme et leur application aux diverses positions de la vie. Paris: Ledoyen, Dentu, Fréd, Henri, 1864.

_____. *O evangelho segundo o espiritismo*. Tradução de Guillon Ribeiro da 3. edição francesa, revista, corrigida e modificada pelo autor em 1866. 131. ed. (Edição Histórica). Brasília: FEB, 2013.

_____. *O evangelho segundo o espiritismo*: com explicações das máximas morais do Cristo em concordância com o Espiritismo e suas aplicações às diversas circunstâncias da vida. Tradução de Guillon Ribeiro da 3. edição francesa, revista, corrigida e modificada pelo autor em 1866. 131. ed. (Edição Histórica). Brasília: FEB, 2013.

LA SAINT Bible traduite sur le latin de La Vulgate par Lemaistre de Sacy pour L'Ancien Testament et par Le P. Lallemant pour Le Nouveau Testament. Accompagneé de nombreuses notes explicatives par M. l'abbé Delaunay. 10. ed. Paris: L. Curmer, 1860, 5v.

LE NOUVEAU Testament de Notre-Seigneur Jésus-Christ: traduit sur la Vulgate par Lemaiste de Sacy. Bruxelles: Société Biblique Brittanique et Étrangère, 1846.

O NOVO Testamento. Tradução, introdução e notas: Haroldo Dutra Dias. Brasília: FEB, 2013.

CAPÍTULO 13

*

INDICAÇÕES DE COMENTÁRIOS FEITOS POR EMMANUEL ACERCA DE TRECHOS DO NOVO TESTAMENTO CITADOS EM *O EVANGELHO SEGUNDO O ESPIRITISMO*

Flávio Rey de Carvalho

As referências dos excertos do Novo Testamento, adiante listadas, estão em conformidade com as adequações numéricas apresentadas no capítulo anterior – *Referências bíblicas em O evangelho segundo o espiritismo*. Essas indicações coincidem com as referências à Boa-Nova constantes nos comentários feitos por Emmanuel.

A disposição dos versículos aqui apresentada segue a ordem em que os seus respectivos conteúdos foram transcritos por Allan Kardec, na versão original impressa, da 3ª edição francesa de 1866, de *O evangelho segundo o espiritismo*.[22] Tal medida facilita a identificação de cada uma das passagens transcritas pelo codificador em edições mais recentes do Novo Testamento – como, por exemplo, a tradução feita por Haroldo Dutra Dias.[23]

As referências ao Novo Testamento que foram somente indicadas – mas não transcritas – por Allan Kardec, por consistirem em

---

22 KARDEC, Allan. *L'Évangile selon Le Spiritisme*: contenant l'explication des maxims morales du Christ leur concordance avec le Spiritisme et leur application aux diverses positions de la vie. 3. ed. Revue, corrigé et modifiée. Paris: Dentu, Fréd, Henri, 1866.
23 O NOVO Testamento. Tradução, introdução e notas: Haroldo Dutra Dias. Brasília: FEB, 2013.

passagens que apresentam conteúdos concordantes com os trechos reproduzidos em *O evangelho segundo o espiritismo*, encontram-se adiante marcadas com asteriscos.

Para a indicação dos títulos dos capítulos de *O evangelho segundo o espiritismo*, adotou-se a tradução de Guillon Ribeiro.[24]

Adverte-se que a presente listagem dos comentários feitos por Emmanuel não é exaustiva, tratando-se, tão somente, da enumeração de algumas de suas mensagens constantes em obras psicografadas pelo médium Francisco Cândido Xavier.[25]

* * *

---

24 KARDEC, Allan. *O evangelho segundo o espiritismo*: com explicações das máximas morais do Cristo em concordância com o Espiritismo e suas aplicações às diversas circunstâncias da vida. Tradução de Guillon Ribeiro da 3ª edição francesa, revista, corrigida e modificada pelo autor em 1866. 131. ed. (Edição Histórica). Brasília: FEB, 2013.
25 Nota do autor: As obras consultadas estão listadas, no final deste capítulo, nas referências, item *Livros com os comentários de Emmanuel*.

ORIENTAÇÕES PARA O ESTUDO

CAPÍTULO 1 – NÃO VIM DESTRUIR A LEI					
§1					
Referências ao Novo Testamento			Comentários de Emmanuel		
Livro	Cap.	Versículo	Livro	Cap.	Título do Capítulo
Mateus	5	17	*Ceifa de luz*	25	Lei e vida
			Livro da esperança	1	Culto espírita
		18	*Livro da esperança*	2	Na presença de Cristo
CAPÍTULO 2 – MEU REINO NÃO É DESTE MUNDO					
§1[1]					
Referências ao Novo Testamento			Comentários de Emmanuel		
Livro	Cap.	Versículo	Livro	Cap.	Título do Capítulo
João	18	33	—	—	—
		36	*Irmão*	19	No reino do coração
			Livro da esperança	3	Na construção do futuro
			Pão nosso	133	O grande futuro
		37	—	—	—

---

[1] Nota do autor: Sobre Pilatos, veja o capítulo 11 - *Pilatos* (Lucas, 23:25) — do livro *Alma e luz*, pelo Espírito Emmanuel.

CAPÍTULO 3 – HÁ MUITAS MORADAS NA CASA DE MEU PAI					
§1					
Referências ao Novo Testamento			Comentários de Emmanuel		
Livro	Cap.	Versículo	Livro	Cap.	Título do Capítulo
João	14	1[2]	Livro da esperança	4	Perante o Mundo
			Palavras de vida eterna	36	Coração puro
		2	Fonte viva	44	Tenhamos fé
			Livro da esperança	5	No reino em construção
		3	—	—	—
CAPÍTULO 4 – NINGUÉM PODERÁ VER O REINO DE DEUS SE NÃO NASCER DE NOVO					
§1					
Referências ao Novo Testamento			Comentários de Emmanuel		
Livro	Cap.	Versículo	Livro	Cap.	Título do Capítulo
Mateus	16	13	—	—	—
		14	—	—	—
		15	—	—	—
		16	—	—	—
		17	—	—	—
Marcos*	8*	27*	—	—	—
		28*	—	—	—
		29*	—	—	—
		30*	—	—	—

---

2   Nota do autor: Sobre o assunto, veja também o capítulo 56 — *Jesus e dificuldade* (JOÃO, 14:27) — do livro *Palavras de vida eterna*, pelo Espírito Emmanuel.

§2					
Referências ao Novo Testamento			Comentários de Emmanuel		
Livro	Cap.	Versículo	Livro	Cap.	Título do Capítulo
Marcos*	6*	14*	—	—	—
		15*	—	—	—
Lucas	9	7	—	—	—
		8	—	—	—
		9	—	—	—
§3					
Referências ao Novo Testamento			Comentários de Emmanuel		
Livro	Cap.	Versículo	Livro	Cap.	Título do Capítulo
Mateus	17	10	—	—	—
		11	—	—	—
		12	—	—	—
		13	—	—	—
Marcos*	9*	11*	—	—	—
		12*	—	—	—
		13*	—	—	—

§5						
Referências ao Novo Testamento			Comentários de Emmanuel			
Livro	Cap.	Versículo	Livro	Cap.	Título do Capítulo	
João	3	1	—	—	—	
		2	—	—	—	
		3	*Fonte viva*	56	Renasce agora	
			Livro da esperança	6	Evolução e aprimoramento	
		4	—	—	—	
		5	—	—	—	
		6	*Livro da esperança*	8	Instituto de tratamento	
		7	*Caminho, verdade e vida*	110	Vidas sucessivas	
			Livro da esperança	7	Ante o livre arbítrio	
			Palavras de vida eterna	177	Na esfera do reajuste	
		8	—	—	—	
		9	—	—	—	
		10	*Caminho, verdade e vida*	111	Orientadores do mundo	
		11	—	—	—	
		12	*Caminho, verdade e vida*	136	Coisas terrestres e celestiais	

§10					
Referências ao Novo Testamento			Comentários de Emmanuel		
Livro	Cap.	Versículo	Livro	Cap.	Título do Capítulo
Mateus	11	12	—	—	—
		13	—	—	—
		14	—	—	—
		15	*Palavras de vida eterna*	72	Ouvidos

CAPÍTULO 5 – BEM-AVENTURADOS OS AFLITOS

§1					
Referências ao Novo Testamento			Comentários de Emmanuel		
Livro	Cap.	Versículo	Livro	Cap.	Título do Capítulo
Mateus	5	4	*Ceifa de luz*	27	Aflição e tranquilidade
			Livro da esperança	9	O remédio justo
			Nascer e renascer	s/n	Aflitos bem... aventurados
		6	—	—	—
		10	*Livro da esperança*	51	Na construção da virtude

§2					
Referências ao Novo Testamento			Comentários de Emmanuel		
Livro	Cap.	Versículo	Livro	Cap.	Título do Capítulo
Lucas	6	20	—	—	—
		21	*Livro da esperança*	11	Em louvor da alegria
		24	—	—	—
		25	—	—	—

CAPÍTULO 6 – O CRISTO CONSOLADOR					
§1					
Referências ao Novo Testamento			Comentários de Emmanuel		
Livro	Cap.	Versículo	Livro	Cap.	Título do Capítulo
Mateus	11	28	Caminho, verdade e vida	172	Lágrimas
			Fonte viva	5	Consegues ir?
			Livro da esperança	14	Cristãos sem Cristo
		29	Livro da esperança	75	No caminho da elevação
			Pão nosso	130	Onde estão?
		30	—	—	—
§3					
Referências ao Novo Testamento			Comentários de Emmanuel		
Livro	Cap.	Versículo	Livro	Cap.	Título do Capítulo
João	14	15	Livro da esperança	77	Espiritismo e nós
			Palavras de vida eterna	175	No convívio de Cristo
		16	Segue-me!...	s/n	Na difusão do Espiritismo
		17	—	—	—
		26	Livro da esperança	15	Espíritas, instruí-vos!

CAPÍTULO 7 – BEM-AVENTURADOS OS POBRES DE ESPÍRITO

§1

Referências ao Novo Testamento			Comentários de Emmanuel		
Livro	Cap.	Versículo	Livro	Cap.	Título do Capítulo
Mateus	5	3	*Plantão da paz*	s/n	Humildes de espírito

§3

Referências ao Novo Testamento			Comentários de Emmanuel		
Livro	Cap.	Versículo	Livro	Cap.	Título do Capítulo
Mateus	18	1	—	—	—
		2	—	—	—
		3	—	—	—
		4	—	—	—
		5	—	—	—

§4

Referências ao Novo Testamento			Comentários de Emmanuel		
Livro	Cap.	Versículo	Livro	Cap.	Título do Capítulo
Mateus	20	20	—	—	—
		21	—	—	—
		22	*Caminho, verdade e vida*	65	Pedir
		23	—	—	—
		24	—	—	—
		25	—	—	—
		26	—	—	—
		27	*O Espírito da Verdade*	64	O primeiro
		28	*Pão nosso*	4	Antes de servir

§5					
Referências ao Novo Testamento			Comentários de Emmanuel		
Livro	Cap.	Versículo	Livro	Cap.	Título do Capítulo
Lucas	14	1	—	—	—
		7	—	—	—
		8	—	—	—
		9	—	—	—
		10	*Pão nosso*	39	Convite ao bem
			43	Boas maneiras	
		11	*Livro da esperança*	16	Ninguém é inútil
§7					
Referências ao Novo Testamento			Comentários de Emmanuel		
Livro	Cap.	Versículo	Livro	Cap.	Título do Capítulo
Mateus	11	25	*Livro da esperança*	17	Supercultura

CAPÍTULO 8 – BEM-AVENTURADOS OS QUE TÊM PURO O CORAÇÃO

§1					
Referências ao Novo Testamento			Comentários de Emmanuel		
Livro	Cap.	Versículo	Livro	Cap.	Título do Capítulo
Mateus	5	8	—	—	—

§2					
Referências ao Novo Testamento			Comentários de Emmanuel		
Livro	Cap.	Versículo	Livro	Cap.	Título do Capítulo
Marcos	10	13	—	—	—
		14	*Livro da esperança*	19	Companheiros mudos
		15	*Livro da esperança*	18	Pequeninos
		16	—	—	—
§5					
Referências ao Novo Testamento			Comentários de Emmanuel		
Livro	Cap.	Versículo	Livro	Cap.	Título do Capítulo
Mateus	5	27	—	—	—
		28	—	—	—

§8					
Referências ao Novo Testamento			Comentários de Emmanuel		
Livro	Cap.	Versículo	Livro	Cap.	Título do Capítulo
Mateus	15	1	—	—	—
		2	—	—	—
		3	—	—	—
		4	—	—	—
		5	—	—	—
		6	—	—	—
		7	—	—	—
		8	*Trilha de luz*	7	Lábios
		9	—	—	—
		10	—	—	—
		11	—	—	—
		18	*Vinha de luz*	97	O verbo é criador
		19	—	—	—
		20	—	—	—
		12	—	—	—
		13	—	—	—
		14	—	—	—
§9					
Referências ao Novo Testamento			Comentários de Emmanuel		
Livro	Cap.	Versículo	Livro	Cap.	Título do Capítulo
Lucas	11	37	—	—	—
		38	—	—	—
		39	—	—	—
		40	—	—	—

§11						
Referências ao Novo Testamento			Comentários de Emmanuel		
Livro	Cap.	Versículo	Livro	Cap.	Título do Capítulo
Mateus	18	7	*Livro da esperança*	20	No domínio das provas
		6	—	—	—
		10	*Fonte viva*	157	Crianças
		11	—	—	—
		8	*Caminho, verdade e vida*	108	Reencarnação
		9	—	—	—
	5*	27*	—	—	—
		28*	—	—	—
		29*	—	—	—
		30*	—	—	—

CAPÍTULO 9 – BEM-AVENTURADOS OS QUE SÃO BRANDOS E PACÍFICOS

§1						
Referências ao Novo Testamento			Comentários de Emmanuel		
Livro	Cap.	Versículo	Livro	Cap.	Título do Capítulo
Mateus	5	5	*Escrínio de luz*	s/n	Mansos de coração
			Livro da esperança	22	Amenidade

§2					
Referências ao Novo Testamento			Comentários de Emmanuel		
Livro	Cap.	Versículo	Livro	Cap.	Título do Capítulo
Mateus	5	9	*Ceifa de luz*	19	No erguimento da paz
				54	Na cultura da paz
			Livro da esperança	21	Pacificação
			Palavras de vida eterna	70	Pacifica sempre
				79	Pacifiquemos
			Segue-me!...	s/n	Caridade da paz

§3					
Referências ao Novo Testamento			Comentários de Emmanuel		
Livro	Cap.	Versículo	Livro	Cap.	Título do Capítulo
Mateus	5	21	—	—	—
		22	*Livro da esperança*	24	Verbo nosso

CAPÍTULO 10 – BEM-AVENTURADOS OS QUE SÃO MISERICORDIOSOS					
§1					
Referências ao *Novo Testamento*			Comentários de Emmanuel		
Livro	Cap.	Versículo	Livro	Cap.	Título do Capítulo
Mateus	5	7	*Instrumentos do tempo*	28	Bem--aventurados os misericordiosos
			Livro da esperança	25	Donativo da alma
			Palavras de vida eterna	69	Na luz da compaixão
			Tocando o barco	s/n	Compaixão e nós
§2					
Referências ao Novo Testamento			Comentários de Emmanuel		
Livro	Cap.	Versículo	Livro	Cap.	Título do Capítulo
Mateus	6	14	*Aulas da vida*	16	Vantagens do perdão
			Ceifa de luz	21	O melhor para nós
			Fonte viva	135	Desculpa sempre
		15	—	—	—
§3					
Referências ao Novo Testamento			Comentários de Emmanuel		
Livro	Cap.	Versículo	Livro	Cap.	Título do Capítulo
Mateus	18	15	—	—	—
		21	*Perante Jesus*	9	O ofendido
		22	*Ceifa de luz*	2	Desculpar

§7					
Referências ao Novo Testamento			Comentários de Emmanuel		
Livro	Cap.	Versículo	Livro	Cap.	Título do Capítulo
Mateus	5	23	—	—	—
		24	—	—	—
§9					
Referências ao Novo Testamento			Comentários de Emmanuel		
Livro	Cap.	Versículo	Livro	Cap.	Título do Capítulo
Mateus	7	3	Ceifa de luz	52	Em família espiritual
			Fonte viva	113	Busquemos o melhor
			Palavras de vida eterna	35	Observemos amando
		4	—	—	—
		5	—	—	—
§11					
Referências ao Novo Testamento			Comentários de Emmanuel		
Livro	Cap.	Versículo	Livro	Cap.	Título do Capítulo
Mateus	7	1	—	—	—
		2	Ceifa de luz	47	Autoproteção
			Livro da esperança	85	Comunidade
			Palavras de vida eterna	76	Socorramos
				179	Discernir e corrigir

§12

Referências ao Novo Testamento			Comentários de Emmanuel		
Livro	Cap.	Versículo	Livro	Cap.	Título do Capítulo
João	8	3	—	—	—
		4	*Pão nosso*	85	E o adúltero?
		5	*Caminho, verdade e vida*	43	Consultas
		6	—	—	—
		7	—	—	—
		8	*Nós*	s/n	Como falas? Como escreves?
		8	*Plantão da paz*	s/n	Escrever na Terra
		9	—	—	—
		10	—	—	—
		11	*Pão nosso*	50	Preserva a ti próprio
		11	*Segue-me!...*	8	Não peques mais!

CAPÍTULO 11 – AMAR O PRÓXIMO COMO A SI MESMO

§1

Referências ao Novo Testamento			Comentários de Emmanuel		
Livro	Cap.	Versículo	Livro	Cap.	Título do Capítulo
Mateus	22	34	—	—	—
		35	—	—	—
		36	—	—	—
		37	—	—	—
		38	—	—	—
		39	*Caminho, verdade e vida*	41	A regra áurea
		40	—	—	—

§2					
Referências ao Novo Testamento			Comentários de Emmanuel		
Livro	Cap.	Versículo	Livro	Cap.	Título do Capítulo
Mateus	7	12	*Ceifa de luz*	56	Temas da prece
			Livro da esperança	28	Psicologia da caridade
			Palavras de vida eterna	66	O primeiro passo
			Segue-me!...	s/n	Reclamar menos
Lucas	6	31	*Livro da esperança*	30	Beneficência e justiça
§3					
Referências ao Novo Testamento			Comentários de Emmanuel		
Livro	Cap.	Versículo	Livro	Cap.	Título do Capítulo
Mateus	18	23	—	—	—
		24	—	—	—
		25	—	—	—
		26	—	—	—
		27	—	—	—
		28	—	—	—
		29	—	—	—
		30	—	—	—
		31	—	—	—
		32	—	—	—
		33	*Caminho, verdade e vida*	20	O companheiro
		34	—	—	—
		35	—	—	—

§5					
Referências ao Novo Testamento			Comentários de Emmanuel		
Livro	Cap.	Versículo	Livro	Cap.	Título do Capítulo
Mateus	22	15	—	—	—
		16	—	—	—
		17	—	—	—
		18	—	—	—
		19	—	—	—
		20	—	—	—
		21	—	—	—
		22	—	—	—
Marcos*	12*	13*	—	—	—
		14*	—	—	—
		15*	—	—	—
		16*	—	—	—
		17*	*Pão nosso*	102	Nós e César

CAPÍTULO 12 – AMAI OS VOSSOS INIMIGOS						
§1						
Referências ao Novo Testamento			Comentários de Emmanuel			
Livro	Cap.	Versículo	Livro	Cap.	Título do Capítulo	
Mateus	5	43	—	—	—	
		44		9	No plano dos inimigos	
			Bênção de paz	27	Razões para amar os inimigos	
				28	Motivos para socorro aos maus	
			Ceifa de luz	48	Imunização espiritual	
			Instrumentos do tempo	30	Ante os adversários	
			Mais perto	s/n	Amando os inimigos	
				s/n	Motivos para desculpar	
			Palavras de vida eterna	16	Na senda do Cristo	
			Segue-me!...	s/n	Oposições	
			Vinha de luz	41	Credores diferentes	
		45	—	—	—	
		46	Fonte viva	96	Além dos outros	
		47	Vinha de luz	60	Que fazeis de especial?	
		20	Ceifa de luz	49	Ante ofensas	
			Palavras de vida eterna	112	Diante da justiça	
			Vinha de luz	161	Cristãos	

§2					
Referências ao Novo Testamento			Comentários de Emmanuel		
Livro	Cap.	Versículo	Livro	Cap.	Título do Capítulo
Lucas	6	32	*Ceifa de luz*	24	Mais alto
		33	—	—	—
		34	—	—	—
		35	*Livro da esperança*	32	Compaixão e socorro
			Pão nosso	137	Inimigos
		36	—	—	—
§7					
Referências ao Novo Testamento			Comentários de Emmanuel		
Livro	Cap.	Versículo	Livro	Cap.	Título do Capítulo
Mateus	5	38	—	—	—
		39	*Vinha de luz*	62	Resistência ao mal
				63	Atritos físicos
		40	*Livro da esperança*	27	Na luz da indulgência
		41	—	—	—
		42	*Livro da esperança*	41	Concessões

CAPÍTULO 13 – NÃO SAIBA A VOSSA MÃO ESQUERDA O QUE DÊ A VOSSA MÃO DIREITA					
§1					
Referências ao Novo Testamento			Comentários de Emmanuel		
Livro	Cap.	Versículo	Livro	Cap.	Título do Capítulo
Mateus	6	1	—	—	—
		2	—	—	—
		3	—	—	—
		4	—	—	—
§2					
Referências ao Novo Testamento			Comentários de Emmanuel		
Livro	Cap.	Versículo	Livro	Cap.	Título do Capítulo
Mateus	8	1	—	—	—
		2	—	—	—
		3	*Palavras de vida eterna*	37	Reparemos nossas mãos
				147	Mãos em serviço
			Segue-me!...	s/n	Onde o repouso
		4	—	—	—

§5						
Referências ao Novo Testamento			Comentários de Emmanuel			
Livro	Cap.	Versículo	Livro	Cap.	Título do Capítulo
Marcos	12	41	—	—	—
		42	—	—	—
		43	*Livro da esperança*	34	Deveres humildes
		44	—	—	—
Lucas*	21*	1*	—	—	—
		2*	—	—	—
		3*	—	—	—
		4*	—	—	—
§7					
Referências ao Novo Testamento			Comentários de Emmanuel		
Livro	Cap.	Versículo	Livro	Cap.	Título do Capítulo
Lucas	14	12	*Livro da esperança*	35	Eles antes
		13	*Livro da esperança*	36	Na hora da assistência
		14	—	—	—
		15	—	—	—

CAPÍTULO 14 – HONRAI A VOSSO PAI E A VOSSA MÃE

§1					
Referências ao Novo Testamento			Comentários de Emmanuel		
Livro	Cap.	Versículo	Livro	Cap.	Título do Capítulo
Marcos	10	19	—	—	—
Lucas*	18*	20*	—	—	—
Mateus*	19*	19*	*Livro da esperança*	38	Credores no lar

§5						
Referências ao Novo Testamento			Comentários de Emmanuel			
Livro	Cap.	Versículo	Livro	Cap.	Título do Capítulo
Marcos	3	20	—	—	—
		21	—	—	—
		31	—	—	—
		32	—	—	—
		33	—	—	—
		34	—	—	—
		35	*Livro da esperança*	39	Familiares
Mateus*	12*	46*	—	—	—
		47*	—	—	—
		48*	—	—	—
		49*	—	—	—
		50*	—	—	—

CAPÍTULO 15 – FORA DA CARIDADE NÃO HÁ SALVAÇÃO					
§1					
Referências ao Novo Testamento			Comentários de Emmanuel		
Livro	Cap.	Versículo	Livro	Cap.	Título do Capítulo
Mateus	25	31	—	—	—
		32	—	—	—
		33	—	—	—
		34	—	—	—
		35	—	—	—
		36	—	—	—
		37	—	—	—
		38	—	—	—
		39	—	—	—
		40	*Fonte viva*	137	Atendamos ao bem
			Livro da esperança	40	Na intimidade doméstica
		41	—	—	—
		42	—	—	—
		43	—	—	—
		44	—	—	—
		45	—	—	—
		46	—	—	—

§2					
Referências ao Novo Testamento			Comentários de Emmanuel		
Livro	Cap.	Versículo	Livro	Cap.	Título do Capítulo
Lucas	10	25	—	—	—
		26	*Alma e luz*	6	Como lês?
		27	*Segue-me!...*	s/n	Auxiliar e servir
		28	*Caminho, verdade e vida*	157	Faze isso e viverás
		29	*Fonte viva*	126	Ajudemos sempre
		30	—	—	—
		31	—	—	—
		32	—	—	—
		33	*Aulas da vida*	15	Samaritanos e nós
		34	—	—	—
		35	—	—	—
		36	—	—	—
		37	—	—	—

§4					
Referências ao Novo Testamento			Comentários de Emmanuel		
Livro	Cap.	Versículo	Livro	Cap.	Título do Capítulo
Mateus	22	34	—	—	—
		35	—	—	—
		36	—	—	—
		37	—	—	—
		38	—	—	—
		39	*Caminho, verdade e vida*	41	A regra áurea
		40	—	—	—

§6						
Referências ao Novo Testamento			Comentários de Emmanuel			
Livro	Cap.	Versículo	Livro	Cap.	Título do Capítulo	
I Coríntios	13	1	Bênção de paz	47	Qualificação espírita	
			Ceifa de luz	29	Compreensão	
		2	—	—	—	
		3	—	—	—	
		4	Bênção de paz	60	Paciência e construção	
			Palavras de vida eterna	93	Serviço e inveja	
				94	Beneficência e paciência	
			Vinha de luz	163	O irmão	
		5	—	—	—	
		6	—	—	—	
		7	Palavras de vida eterna	32	O amor tudo sofre	
		13	Ceifa de luz	1	Caridade do entendimento	

CAPÍTULO 16 – NÃO SE PODE SERVIR A DEUS E MAMON					
§1					
Referências ao Novo Testamento			Comentários de Emmanuel		
Livro	Cap.	Versículo	Livro	Cap.	Título do Capítulo
Lucas	16	13	Caminho, verdade e vida	142	Um só senhor

§2					
Referências ao Novo Testamento			Comentários de Emmanuel		
Livro	Cap.	Versículo	Livro	Cap.	Título do Capítulo
Mateus	19	16	—	—	—
		17	—	—	—
		18	—	—	—
		19	Livro da esperança	38	Credores no lar
		20	—	—	—
		21	—	—	—
		22	Caminho, verdade e vida	149	Propriedade
		23	Instrumentos do tempo	17	Ante o Reino dos Céus
		24	—	—	—
Lucas*	18*	18*	—	—	—
		19*	—	—	—
		20*	—	—	—
		21*	—	—	—
		22*	—	—	—
		23*	—	—	—
		24*	—	—	—
		25*	—	—	—
Marcos*	10*	17*	—	—	—
		18*	—	—	—
		19*	—	—	—
		20*	—	—	—
		21*	—	—	—
		22*	—	—	—
		23*	—	—	—
		24*	—	—	—
		25*	—	—	—

§3						
Referências ao Novo Testamento			Comentários de Emmanuel			
Livro	Cap.	Versículo	Livro	Cap.	Título do Capítulo
Lucas	12	13	—	—	—
		14	—	—	—
		15	*Caminho, verdade e vida*	165	Bens externos
			Ceifa de luz	41	Recursos
			Livro da esperança	43	Emprego de riquezas
			Segue-me!...	s/n	Fundo de serviço
			Vinha de luz	52	Avareza
		16	—	—	—
		17	—	—	—
		18	—	—	—
		19	—	—	—
		20	*Alvorada do reino*	10	Posses terrestres
			Caminho, verdade e vida	56	Lucros
			Ceifa de luz	37	Supercultura e calamidades morais
				46	Caso grave
			Segue-me!...	s/n	Esta noite!
			Vinha de luz	35	Que pedes?
		21	*Fonte viva*	120	Assim será

§4					
Referências ao Novo Testamento			Comentários de Emmanuel		
Livro	Cap.	Versículo	Livro	Cap.	Título do Capítulo
Lucas	19	1	—	—	—
		2	—	—	—
		3	—	—	—
		4	—	—	—
		5	—	—	—
		6	—	—	—
		7	—	—	—
		8	—	—	—
		9	—	—	—
		10	—	—	—
§5					
Referências ao Novo Testamento			Comentários de Emmanuel		
Livro	Cap.	Versículo	Livro	Cap.	Título do Capítulo
Lucas	16	19	*Escrínio de luz*	s/n	Lázaro e o rico
		20			
		21			
		22			
		23			
		24			
		25			
		26			
		27			
		28			
		29	*Escrínio de luz*	s/n	Lázaro e o rico
			Pão nosso	116	Ouçam-nos
		30	*Escrínio de luz*	s/n	Lázaro e o rico
		31			

§6						
Referências ao Novo Testamento			Comentários de Emmanuel			
Livro	Cap.	Versículo	Livro	Cap.	Título do Capítulo
Mateus	25	14	*Livro da esperança*	46	Moeda e trabalho
		15	*Palavras de vida eterna*	7	Melhorar para progredir
		16	—	—	—
		17	—	—	—
		18	—	—	—
		19	—	—	—
		20	—	—	—
		21	—	—	—
		22	—	—	—
		23	*Livro da esperança*	44	Dinheiro, o servidor
		24	—	—	—
		25	*Fonte viva*	132	Tendo medo
		26	—	—	—
		27	—	—	—
		28	—	—	—
		29	—	—	—
		30	—	—	—

CAPÍTULO 17 - SEDE PERFEITOS					
§1					
Referências ao Novo Testamento			Comentários de Emmanuel		
Livro	Cap.	Versículo	Livro	Cap.	Título do Capítulo
Mateus	5	44		9	No plano dos inimigos
			Bênção de paz	27	Razões para amar os inimigos
				28	Motivos para socorro aos maus
			Ceifa de luz	48	Imunização espiritual
			Instrumentos do tempo	30	Ante os adversários
			Mais perto	s/n	Amando os inimigos
				s/n	Motivos para desculpar
			Palavras de vida eterna	16	Na senda do Cristo
			Segue-me!...	s/n	Oposições
			Vinha de luz	41	Credores diferentes
		46	Fonte viva	96	Além dos outros
		47	Vinha de luz	60	Que fazeis de especial?
		48	Livro da esperança	50	Conceito do bem
			Nascer e renascer	s/n	Diante da perfeição
			Segue-me!...	s/n	Teus encargos

§5					
Referências ao Novo Testamento			Comentários de Emmanuel		
Livro	Cap.	Versículo	Livro	Cap.	Título do Capítulo
Mateus	13	1	—	—	—
		2	—	—	—
		3	Fonte viva	64	Semeadores
			Livro da esperança	52	Auxiliar
		4	—	—	—
		5	—	—	—
		6	—	—	—
		7	—	—	—
		8	Palavras de vida eterna	51	No solo do espírito
		9	—	—	—
		18	—	—	—
		19	—	—	—
		20	—	—	—
		21	—	—	—
		22	—	—	—
		23	Ceifa de luz	13	Na gleba do mundo

CAPÍTULO 18 – MUITOS OS CHAMADOS, POUCOS OS ESCOLHIDOS						
§1						
Referências ao Novo Testamento			Comentários de Emmanuel			
Livro	Cap.	Versículo	Livro	Cap.	Título do Capítulo	
Mateus	22	1	—	—	—	
		2	—	—	—	
		3	—	—	—	
		4	—	—	—	
		5	—	—	—	
		6	—	—	—	
		7	—	—	—	
		8	—	—	—	
		9	—	—	—	
		10	—	—	—	
		11	—	—	—	
		12	—	—	—	
		13	—	—	—	
		14	Instrumentos do tempo	16	Chamados e escolhidos	
			Irmão	10	Escolha	
			Taça de luz	25	Chamados e escolhidos	
§3						
Referências ao Novo Testamento			Comentários de Emmanuel			
Livro	Cap.	Versículo	Livro	Cap.	Título do Capítulo	
Mateus	7	13	Livro da esperança	55	Na forja da vida	
			O Espírito da Verdade	14	Muralha do tempo	
		14	Livro da esperança	29	Meio-bem	

§4					
Referências ao Novo Testamento			Comentários de Emmanuel		
Livro	Cap.	Versículo	Livro	Cap.	Título do Capítulo
Lucas	13	23	—	—	—
		24	*Ceifa de luz*	12	A senda estreita
			Vinha de luz	20	Porta estreita
		25	—	—	—
		26	*Caminho, verdade e vida*	34	Comer e beber
		27	—	—	—
		28	—	—	—
		29	—	—	—
		30	—	—	—
§6					
Referências ao Novo Testamento			Comentários de Emmanuel		
Livro	Cap.	Versículo	Livro	Cap.	Título do Capítulo
Mateus	7	21	*Escrínio de luz*	s/n	Fé e ação
			Livro da esperança	60	Tais quais somos
		22	—	—	—
		23	—	—	—

§7					
Referências ao Novo Testamento			Comentários de Emmanuel		
Livro	Cap.	Versículo	Livro	Cap.	Título do Capítulo
Mateus	7	24	*Livro da esperança*	56	Cada servidor em sua tarefa
			Pão nosso	9	Homens de fé
		25	—	—	—
		26	—	—	—
		27	—	—	—
Lucas*	6*	46*	*Caminho, verdade e vida*	47	A grande pergunta
		47*	—	—	—
		48*	—	—	—
		49*	—	—	—

§8					
Referências ao Novo Testamento			Comentários de Emmanuel		
Livro	Cap.	Versículo	Livro	Cap.	Título do Capítulo
Mateus	5	19	—	—	—

§10					
Referências ao Novo Testamento			Comentários de Emmanuel		
Livro	Cap.	Versículo	Livro	Cap.	Título do Capítulo
Lucas	12	47	—	—	—
		48	*Livro da esperança*	57	Para e pensa

§11

Referências ao Novo Testamento			Comentários de Emmanuel		
Livro	Cap.	Versículo	Livro	Cap.	Título do Capítulo
João	9	39	—	—	—
		40	—	—	—
		41	—	—	—

§13

Referências ao Novo Testamento			Comentários de Emmanuel		
Livro	Cap.	Versículo	Livro	Cap.	Título do Capítulo
Mateus	13	10	—	—	—
		11	—	—	—
		12	*Bênção de paz*	52	Na senda de todos
			Mais perto	s/n	
		13	—	—	—
		14	—	—	—

§14

Referências ao Novo Testamento			Comentários de Emmanuel		
Livro	Cap.	Versículo	Livro	Cap.	Título do Capítulo
Marcos	4	24	*Bênção de paz*	12	Atentai vós que ouvis
		25	*Livro da esperança*	58	Ter e manter

CAPÍTULO 19 – A FÉ TRANSPORTA MONTANHAS					
§1					
Referências ao Novo Testamento			Comentários de Emmanuel		
Livro	Cap.	Versículo	Livro	Cap.	Título do Capítulo
Mateus	17	14	—	—	—
		15	—	—	—
		16	—	—	—
		17	—	—	—
		18	—	—	—
		19	—	—	—
		20	*Livro da esperança*	61	Com o auxílio de Deus
§8					
Referências ao Novo Testamento			Comentários de Emmanuel		
Livro	Cap.	Versículo	Livro	Cap.	Título do Capítulo
Marcos	11	12	—	—	—
		13	—	—	—
		14	—	—	—
		20	—	—	—
		21	—	—	—
		22	*Ceifa de luz*	53	Confiando
		22	*Palavras de vida eterna*	162	Tende fé em Deus[3]
		23	—	—	—

---

3 Nota do autor: Na edição de *Palavras de vida eterna* consultada, aparece transcrito – no capítulo 162 (Tende fé em Deus) – o *seguinte* trecho do *Novo Testamento*: "E Jesus, respondendo, disse-lhes: tende fé em Deus." (MARCOS, 11:12). A transcrição, todavia, refere-se ao versículo 22, do capítulo 11 de MARCOS.

CAPÍTULO 20 – OS TRABALHADORES DA ÚLTIMA HORA					
§1					
Referências ao Novo Testamento			Comentários de Emmanuel		
Livro	Cap.	Versículo	Livro	Cap.	Título do Capítulo
Mateus	20	1	—	—	—
		2	—	—	—
		3	—	—	—
		4	*Pão nosso*	29	A vinha
		5	—	—	—
		6	—	—	—
		7	—	—	—
		8	—	—	—
		9	—	—	—
		10	—	—	—
		11	—	—	—
		12	—	—	—
		13	—	—	—
		14	—	—	—
		15	—	—	—
		16	*Alma e luz*	7	Trabalhando
			Livro da esperança	66	O espírita

CAPÍTULO 21 – HAVERÁ FALSOS CRISTOS E FALSOS PROFETAS						
§1						
Referências ao Novo Testamento			Comentários de Emmanuel			
Livro	Cap.	Versículo	Livro	Cap.	Título do Capítulo	
Lucas	6	43	—	—	—
		44	*Caminho, verdade e vida*	121	Espinheiros
			Livro da esperança	73	Seara espírita
		45	*Livro da esperança*	65	Máximo e mínimo
§2						
Referências ao Novo Testamento			Comentários de Emmanuel			
Livro	Cap.	Versículo	Livro	Cap.	Título do Capítulo	
Mateus	7	15	—	—	—
		16	*Fonte viva*	7	Pelos frutos
		17	*Livro da esperança*	48	Bênção de Deus
		18	—	—	—
		19	—	—	—
		20	*Caminho, verdade e vida*	122	Frutos
			Segue-me!...	s/n	Nas diretrizes do Evangelho

ORIENTAÇÕES PARA O ESTUDO

§3					
Referências ao Novo Testamento			Comentários de Emmanuel		
Livro	Cap.	Versículo	Livro	Cap.	Título do Capítulo
Mateus	24	4	*Livro da esperança*	72	Exterior e conteúdo
		5	*Livro da esperança*	74	Ler e estudar
		11	*Levantar e seguir*	s/n	Entre falsas vozes
				s/n	Falsos profetas
		12	—	—	—
		13	*Pão nosso*	36	Até o fim
		23	—	—	—
		24	—	—	—
Marcos*	13*	5*	*Harmonização*	s/n	Não vos enganeis!
		6*	—	—	—
		21*	—	—	—
		22*	—	—	—
§6					
Referências ao Novo Testamento			Comentários de Emmanuel		
Livro	Cap.	Versículo	Livro	Cap.	Título do Capítulo
I João	4	1	*Caminho, verdade e vida*	69	Comunicações

CAPÍTULO 22 – NÃO SEPAREIS O QUE DEUS JUNTOU

§1

Referências ao Novo Testamento			Comentários de Emmanuel		
Livro	Cap.	Versículo	Livro	Cap.	Título do Capítulo
Mateus	19	3	—	—	—
		4	—	—	—
		5	—	—	—
		6	Caminho, verdade e vida	164	Não perturbeis
			Livro da esperança	76	Uniões de prova
		7	—	—	—
		8[4]	—	—	—
		9	—	—	—

CAPÍTULO 23 – ESTRANHA MORAL

§1

Referências ao Novo Testamento			Comentários de Emmanuel		
Livro	Cap.	Versículo	Livro	Cap.	Título do Capítulo
Lucas	14	25	—	—	—
		26	—	—	—
		27	Fonte viva	58	Discípulos
		33	—	—	—

§2

Referências ao Novo Testamento			Comentários de Emmanuel		
Livro	Cap.	Versículo	Livro	Cap.	Título do Capítulo
Mateus	10	37	—	—	—

---

4   Nota do autor: Sobre o assunto, veja a mensagem *Divórcio* (MARCOS, 10:5), no livro *Levantar e seguir*, pelo Espírito Emmanuel.

§4					
Referências ao Novo Testamento			Comentários de Emmanuel		
Livro	Cap.	Versículo	Livro	Cap.	Título do Capítulo
Mateus	19	29	*Caminho, verdade e vida*	154	Renunciar
§5					
Referências ao Novo Testamento			Comentários de Emmanuel		
Livro	Cap.	Versículo	Livro	Cap.	Título do Capítulo
Lucas	18	28	—	—	—
		29	—	—	—
		30	—	—	—
§6					
Referências ao Novo Testamento			Comentários de Emmanuel		
Livro	Cap.	Versículo	Livro	Cap.	Título do Capítulo
Lucas	9	61	—	—	—
		62	*Aulas da vida*	26	Acima
			Pão nosso	3	O arado
§7					
Referências ao Novo Testamento			Comentários de Emmanuel		
Livro	Cap.	Versículo	Livro	Cap.	Título do Capítulo
Lucas	9	59	—	—	—
		60	—	—	—

§9					
Referências ao Novo Testamento			Comentários de Emmanuel		
Livro	Cap.	Versículo	Livro	Cap.	Título do Capítulo
Mateus	10	34	Caminho, verdade e vida	104	A Espada simbólica
			Ceifa de luz	5	A lição da espada
			Mais perto	s/n	Doadores de paz
		35	—	—	—
		36	—	—	—
§10					
Referências ao Novo Testamento			Comentários de Emmanuel		
Livro	Cap.	Versículo	Livro	Cap.	Título do Capítulo
Lucas	12	49	Escrínio de luz	s/n	Ante o sol eterno
		50	—	—	—
		51	—	—	—
		52	—	—	—
		53	—	—	—

CAPÍTULO 24 – NÃO PONHAIS A CANDEIA DEBAIXO DO ALQUEIRE

§1					
Referências ao Novo Testamento			Comentários de Emmanuel		
Livro	Cap.	Versículo	Livro	Cap.	Título do Capítulo
Mateus	5	15	Fonte viva	81	A Candeia viva
			Nascer e renascer	s/n	A candeia

§2					
Referências ao Novo Testamento			Comentários de Emmanuel		
Livro	Cap.	Versículo	Livro	Cap.	Título do Capítulo
Lucas	8	16	Nascer e renascer	s/n	A candeia
		17	—	—	—
§3					
Referências ao Novo Testamento			Comentários de Emmanuel		
Livro	Cap.	Versículo	Livro	Cap.	Título do Capítulo
Mateus	13	10	—	—	—
		11	—	—	—
		13	—	—	—
		14	—	—	—
		15	—	—	—
§8					
Referências ao Novo Testamento			Comentários de Emmanuel		
Livro	Cap.	Versículo	Livro	Cap.	Título do Capítulo
Mateus	10	5	—	—	—
		6	—	—	—
		7	—	—	—

§11					
Referências ao Novo Testamento			Comentários de Emmanuel		
Livro	Cap.	Versículo	Livro	Cap.	Título do Capítulo
Mateus	9	10	—	—	—
		11	Caminho, verdade e vida	137	O banquete dos publicanos
		12	Bênção de paz	29	Enfermos da alma
			Livro da esperança	78	Ante o divino Médico
§13					
Referências ao Novo Testamento			Comentários de Emmanuel		
Livro	Cap.	Versículo	Livro	Cap.	Título do Capítulo
Mateus	10	32	Segue-me!...	s/n	Nos caminhos da fé
		33	—	—	—
§14					
Referências ao Novo Testamento			Comentários de Emmanuel		
Livro	Cap.	Versículo	Livro	Cap.	Título do Capítulo
Lucas	9	26	Vinha de luz	51	Não se envergonhar
§17					
Referências ao Novo Testamento			Comentários de Emmanuel		
Livro	Cap.	Versículo	Livro	Cap.	Título do Capítulo
Lucas	6	22	Pão nosso	89	Bem-aventuranças
		23	—	—	—

§18						
Referências ao Novo Testamento			Comentários de Emmanuel			
Livro	Cap.	Versículo	Livro	Cap.	Título do Capítulo	
Marcos	8	34	*Livro da esperança*	80	Nossas cruzes
			Palavras de vida eterna	74	Nossa cruz
		35	*Harmonização*	s/n	Vida estreita
		36	*Caminho, verdade e vida*	58	Ganhar
			Palavras de vida eterna	6	No rumo do amanhã
				73	Excesso
Lucas*	9*	23*	*Palavras de vida eterna*	15	No roteiro da fé
		24*	—	—	—
		25*	*Segue-me!...*	35	Interrogação do Mestre
Mateus*	10*	39*	—	—	—
João*	12*	24*	—	—	—
		25*	—	—	—

CAPÍTULO 25 – BUSCAI E ACHAREIS					
§1					
Referências ao Novo Testamento			Comentários de Emmanuel		
Livro	Cap.	Versículo	Livro	Cap.	Título do Capítulo
Mateus	7	7	*Escrínio de luz*	s/n	Pedi e obtereis
			Livro da esperança	81	Campeonatos
			Segue-me!...	s/n	Ação e prece
		8	*Livro da esperança*	82	Auxílio do alto
		9	*Palavras de vida eterna*	166	No ato de orar
		10	—	—	—
		11	—	—	—

§6

Referências ao Novo Testamento			Comentários de Emmanuel		
Livro	Cap.	Versículo	Livro	Cap.	Título do Capítulo
Mateus	6	19	Livro da esperança	42	Nas sendas do mundo
		20	Fonte viva	177	Riqueza para o céu
			Livro da esperança	37	Exercício do bem
			Pão nosso	156	Céu com céu
		21	Livro da esperança	45	Propriedades
		25	Livro da esperança	49	Dinheiro e serviço
			Palavras de vida eterna	8	Vida e posse
		26	Livro da esperança	84	Palavras de Jesus
		27	—	—	—
		28	Aulas da vida	5	Olhai os lírios
		29	—	—	—
		30	—	—	—
		31	Vinha de luz	86	Saibamos confiar
		32	—	—	—
		33	Vinha de luz	18	Ouçamos atentos
		34	Ceifa de luz	20	Prescrições de paz
			Harmonização	s/n	Cuidados
			Segue-me!...	s/n	Na escola diária
			Vinha de luz	152	Cuidados

§9					
Referências ao Novo Testamento			Comentários de Emmanuel		
Livro	Cap.	Versículo	Livro	Cap.	Título do Capítulo
Mateus	10	9	—	—	—
		10[5]	—	—	—

§10					
Referências ao Novo Testamento			Comentários de Emmanuel		
Livro	Cap.	Versículo	Livro	Cap.	Título do Capítulo
Mateus	10	11	—	—	—
		12	—	—	—
		13	—	—	—
		14	Escrínio de luz	s/n	Poeira
			Pão nosso	71	Sacudir o pó
			Perante Jesus	8	O pó das sandálias
		15	—	—	—

CAPÍTULO 26 – DAI GRATUITAMENTE O QUE GRATUITAMENTE RECEBESTES

§1					
Referências ao Novo Testamento			Comentários de Emmanuel		
Livro	Cap.	Versículo	Livro	Cap.	Título do Capítulo
Mateus	10	8	Livro da esperança	87	Ante a mediunidade

---

5 Nota do autor: Sobre o assunto, veja a mensagem *O bordão* (MARCOS, 6:8), no livro *Levantar e seguir*, pelo Espírito Emmanuel.

§3					
Referências ao Novo Testamento			Comentários de Emmanuel		
Livro	Cap.	Versículo	Livro	Cap.	Título do Capítulo
Lucas	20	45	—	—	—
		46	—	—	—
		47	—	—	—
Marcos*	12*	38*	*Caminho, verdade e vida*	28	Escritores
		39*	—	—	—
		40*	—	—	—
Mateus*	23*	14*	—	—	—
§5					
Referências ao Novo Testamento			Comentários de Emmanuel		
Livro	Cap.	Versículo	Livro	Cap.	Título do Capítulo
Marcos	11	15	—	—	—
		16	—	—	—
		17	—	—	—
		18	—	—	—
Mateus*	21*	12*	—	—	—
		13*	—	—	—

CAPÍTULO 27 – PEDI E OBTEREIS[6]					
§1					
Referências ao Novo Testamento			Comentários de Emmanuel		
Livro	Cap.	Versículo	Livro	Cap.	Título do Capítulo
Mateus	6	5	—	—	—
		6	Livro da esperança	88	Em louvor da prece
			Palavras de vida eterna	172	Oração e cooperação
		7	—	—	—
		8	Livro da esperança	89	Lembra-te auxiliando
§2					
Referências ao Novo Testamento			Comentários de Emmanuel		
Livro	Cap.	Versículo	Livro	Cap.	Título do Capítulo
Marcos	11	25	Ideal espírita	90	Orar e perdoar
			Pão nosso	45	Quando orardes
		26	—	—	—
§3					
Referências ao Novo Testamento			Comentários de Emmanuel		
Livro	Cap.	Versículo	Livro	Cap.	Título do Capítulo
Lucas	18	9	—	—	—
		10	—	—	—
		11	—	—	—
		12	—	—	—
		13	—	—	—
		14	—	—	—

6 Nota do autor: Sobre o assunto *Pedi e obtereis*, sob o prisma da oração, veja o capítulo 17 — *Orar* —, de autoria de Emmanuel, do livro *Taça de luz*.

§5						
Referências ao Novo Testamento			Comentários de Emmanuel			
Livro	Cap.	Versículo	Livro	Cap.	Título do Capítulo	
Marcos	11	24	—	—	—	
§16						
Referências ao Novo Testamento			Comentários de Emmanuel			
Livro	Cap.	Versículo	Livro	Cap.	Título do Capítulo	
I Coríntios	14	11	—	—	—	
^	^	14	—	—	—	
^	^	16	—	—	—	
^	^	17	—	—	—	
CAPÍTULO 28 – COLETÂNEA DE PRECES ESPÍRITAS						
§2 (e §3)						
Referências ao Novo Testamento			Comentários de Emmanuel			
Livro	Cap.	Versículo	Livro	Cap.	Título do Capítulo	
Mateus	6	9	*Fonte viva*	77	Pai Nosso	
^	^	^	^	164	Diante de Deus	
^	^	10	*Ceifa de luz*	26	Em nossas mãos	
^	^	^	*Livro da esperança*	90	Ora e segue	
^	^	11	—	—	—	
^	^	12	—	—	—	
^	^	13	*Segue-me!...*	s/n	Questões do cotidiano	
^	^	^	^	s/n	Obsessões	
^	^	^	*Vinha de luz*	57	Não te afastes	

§4					
Referências ao Novo Testamento			Comentários de Emmanuel		
Livro	Cap.	Versículo	Livro	Cap.	Título do Capítulo
Mateus	18	20	*Segue-me!...*	s/n	No grupo espírita
§8					
Referências ao Novo Testamento			Comentários de Emmanuel		
Livro	Cap.	Versículo	Livro	Cap.	Título do Capítulo
Atos	2	17	*Caminho, verdade e vida*	10	Mediunidade
		18	—	—	—
§15					
Referências ao Novo Testamento			Comentários de Emmanuel		
Livro	Cap.	Versículo	Livro	Cap.	Título do Capítulo
Mateus	23	25	—	—	—
		26	—	—	—
		27	—	—	—
		28	—	—	—
§50					
Referências ao Novo Testamento			Comentários de Emmanuel		
Livro	Cap.	Versículo	Livro	Cap.	Título do Capítulo
Mateus	5	6	—	—	—
		10	*Livro da esperança*	51	Na construção da virtude
		11	—	—	—
		12	—	—	—
	10	28	—	—	—

REFERÊNCIAS

Ao Novo Testamento presentes em *O evangelho segundo o espiritismo*

KARDEC, Allan. *L'Évangile selon Le Spiritisme*: contenant l'explication des maxims morales du Christ leur concordance avec le Spiritisme et leur application aux diverses positions de la vie. 3. ed. Revue, corrigé et modifiée. Paris: Dentu, Fréd, Henri, 1866.

_____. *O evangelho segundo o espiritismo*: com explicações das máximas morais do Cristo em concordância com o Espiritismo e suas aplicações às diversas circunstâncias da vida. Tradução de Guillon Ribeiro da 3ª edição francesa, revista, corrigida e modificada pelo autor em 1866. 131. ed. (Edição Histórica). Brasília: FEB, 2013.

LE NOUVEAU Testament de Notre-Seigneur Jésus-Christ: traduit sur la Vulgate par Lemaistre de Sacy. Bruxelles: Société Biblique Brittanique et Étrangère, 1846.

O NOVO Testamento. Tradução, introdução e notas: Haroldo Dutra Dias. Brasília: FEB, 2013.

Aos livros com os comentários de Emmanuel

XAVIER, Francisco Cândido. *Alma e luz*. Pelo Espírito Emmanuel. 6. ed. Araras: IDE, 2009.

_____. *Alvorada do reino*. Pelo Espírito Emmanuel. São Paulo: IDEAL, 1988.

_____. *Aulas da vida*. Espíritos diversos. 6. ed. São Paulo: IDEAL, 2008.

_____. *Bênção de paz*. Pelo Espírito Emmanuel. 15. ed. São Bernardo do Campo: GEEM, 2010.

_____. *Caminho, verdade e vida*. Pelo Espírito Emmanuel. Brasília: FEB, 2012.

_____. *Ceifa de luz*. Pelo Espírito Emmanuel. Rio de Janeiro: FEB, 2005.

_____. *Fonte viva*. Pelo Espírito Emmanuel. Brasília: FEB, 2013.

_____. *Escrínio de luz*. Pelo Espírito Emmanuel. Matão: O Clarim, 1973.

_____. *Harmonização*. Pelo Espírito Emmanuel. 2. ed. São Bernardo do Campo: GEEM, 2007.

_____. *Ideal espírita*. Uberaba: CEC, 1969.

_____. *Instrumentos do tempo*. Pelo Espírito Emmanuel. São Bernardo do Campo: GEEM, 1974.

_____. *Irmão*. Pelo Espírito Emmanuel. 4. ed. São Paulo: Ideal, 1992.

_____. *Levantar e seguir*. Pelo Espírito Emmanuel. São Bernardo do Campo: GEEM, 1992.

_____. *Livro da esperança*. Pelo Espírito Emmanuel. 17. ed. Uberaba: CEC, 2002.

_____. *Mais perto*. Pelo Espírito Emmanuel. 4. ed. São Bernardo do Campo: GEEM, 2010.

_____. *Nascer e renascer*. Pelo Espírito Emmanuel. 12. ed. São Bernardo do Campo: GEEM, 2013.

_____. *Nós*. Pelo Espírito Emmanuel. São Paulo: CEU, 1985.

_____. *Palavras de vida eterna*. Pelo Espírito Emmanuel. Uberaba: CEC, 2010.

_____. *Pão nosso*. Pelo Espírito Emmanuel. Brasília: FEB, 2012.

_____. *Perante Jesus*. Pelo Espírito Emmanuel. 2. ed. São Paulo: Ideal, 2011.

_____. *Plantão da paz*. Pelo Espírito Emmanuel. 2. ed. São Paulo: GEEM, 2013.

_____. *Taça de luz*. Espíritos diversos. São Paulo: Lake, 1972.

_____. *Tocando o barco*. Pelo Espírito Emmanuel. São Paulo: Ideal, 1984.

_____. *Trilha de luz*. Pelo Espírito Emmanuel. Araras: IDE, 1990.

_____. *Segue-me!...* Pelo Espírito Emmanuel. 13. ed. Matão: O Clarim, 2011.

_____. *Vinha de luz*. Pelo Espírito Emmanuel. Brasília: FEB, 2013.

XAVIER, Francisco Cândido; VIEIRA, Waldo. *O espírito da verdade*: estudos e dissertações em torno de *O evangelho segundo o espiritismo*. Espíritos diversos. 18. ed. Brasília: FEB, 2013.

Conselho Editorial:
Carlos Roberto Campetti
Cirne Ferreira de Araújo
Evandro Noleto Bezerra
Geraldo Campetti Sobrinho – Coord. Editorial
Jorge Godinho Barreto Nery – Presidente
Maria de Lourdes Pereira de Oliveira
Miriam Lúcia Herrera Masotti Dusi

Produção Editorial:
Elizabete de Jesus Moreira

Elaboração de conteúdo:
Afonso Chagas
Angélica Maia
Antonio Cesar Perri de Carvalho
Célia Maria Rey de Carvalho
Enrique Eliseo Baldovino
Flávio Rey de Carvalho
Luiz Claudio Costa
Nilza Tereza Rotter Pelá
Saulo Cesar Ribeiro da Silva
Wagner Gomes da Paixão

Revisão:
Jorge Leite

Projeto Gráfico e Diagramação:
Rones José Silvano de Lima – instagram.com/bookebooks_designer

Capa:
Thiago Pereira Campos

Foto de Capa:
istockphoto.com | ewg3D

Normalização Técnica:
Biblioteca de Obras Raras e Documentos Patrimoniais do Livro

Esta edição foi impressa no sistema de Impressão pequenas tiragens, em formato fechado de 155x230 mm e com mancha de 115x180 mm. Os papéis utilizados foram Off white 80 g/m² para o miolo e o Cartão 250 g/m² para a capa. O texto principal foi composto em Minion Pro 11,5/15,2 e os títulos em Swis721 Md BT 15/19. Impresso no Brasil. *Presita en Brazilo.*